Inhaltsverzeichnis

1 Inhaltsverzeichnis

Disclaimer

Die Autoren und Herausgeber dieses Buches übernehmen keine Haftung für eventuelle Schäden oder Verluste, die durch die Nutzung der Informationen und Beispiele in diesem Buch entstehen könnten. Jeder Nutzer ist selbst dafür verantwortlich, die Einhaltung von Urheberrechten, Zitierregeln und anderen rechtlichen Anforderungen sicherzustellen.

Es liegt in der Verantwortung jedes Einzelnen, sich mit den jeweiligen Regeln und Vorschriften seiner Universität, Hochschule oder Schule vertraut zu machen und zu klären, welche Vorgehensweisen rechtlich zulässig sind und welche als Plagiat gelten. Die Inhalte dieses Buches dienen ausschließlich der Information und Weiterbildung und sollen keinesfalls als direkte Empfehlungen für das Verfassen von akademischen Texten verstanden werden. Die gezeigten Beispiele sollen lediglich Anregungen bieten und die verschiedenen Aspekte des akademischen Schreibens mit ChatGPT verdeutlichen.

Die Autoren und Herausgeber übernehmen keine Gewähr für die Richtigkeit, Vollständigkeit und Aktualität der in diesem Buch enthaltenen Informationen und Beispiele. Es obliegt jedem Nutzer, zusätzliche Recherchen durchzuführen und die in diesem Buch präsentierten Informationen kritisch zu hinterfragen.

2 Einleitung

Die Zukunft der künstlichen Intelligenz (KI) ist ein Thema, das die Menschheit zunehmend beschäftigt. Wir stehen an der Schwelle eines neuen Zeitalters, in dem die KI unser tägliches Leben auf fundamentale Weise verändern könnte – ähnlich wie einst die Dampfmaschine oder das Internet. Aber was erwartet uns genau? Wie wird die KI unseren Alltag, unsere Arbeitswelt und vielleicht sogar unsere tiefsten Überzeugungen beeinflussen?

Stell dir eine Zukunft vor, in der dein Garten ein Meisterwerk der Pflege ist, ohne dass du auch nur einen Finger rühren musst. Du trittst hinaus in dein grünes Paradies, und alles ist perfekt – nicht durch deine harte Arbeit, sondern durch die unglaubliche Intelligenz eines Roboters. Dieser Roboter ist nicht nur ein einfacher Gartenhelfer; er ist ein virtuoser Gärtner, der deine tiefsten Wünsche und Abneigungen intuitiv versteht. Er kennt jede Blume, die dein Herz erfreut, und jeden Grashalm, der deinem Auge schmeichelt. Stell dir vor, du hast mehr Zeit für dich, während dein Garten sich in eine perfekte Oase verwandelt, die präzise auf deine Vorlieben abgestimmt ist. Klingt wie ein Traum? Dank der bahnbrechenden Entwicklungen in der KI-Technologie rückt dieses Szenario in greifbare Nähe. Tauche ein in eine Welt, in der die Grenzen zwischen Mensch und Maschine verschwimmen und der Traum nicht nur eines jeden Gartenliebhabers Wirklichkeit wird!

Doch die KI hat nicht nur das Potenzial, uns körperliche Arbeit abzunehmen. Sie kann auch bei komplexen Denkaufgaben behilflich sein. Ärzte könnten zum Beispiel von KI-Systemen unterstützt werden, die Röntgenbilder analysieren und Anzeichen von Krankheiten erkennen, lange bevor ein menschliches Auge dazu in der Lage wäre. Das könnte die Früherkennung von Krankheiten wie Krebs erheblich verbessern.

Und dann gibt es da noch die ethischen und gesellschaftlichen Fragen, die sich aus der Weiterentwicklung der KI ergeben. Wer ist verantwortlich, wenn eine KI einen Fehler macht? Wie gehen wir mit dem Datenschutz

4

um? Und vor allem: Was passiert mit den Menschen, deren Arbeitsplätze durch KI-Systeme ersetzt werden könnten?

Die Zukunft der KI ist also ein breites Feld mit vielen unterschiedlichen Facetten. Es ist eine Zukunft voller Versprechungen, aber auch voller Herausforderungen. Wie wir diese Herausforderungen meistern, wird darüber entscheiden, ob die KI ein Segen oder ein Fluch für die Menschheit sein wird. Eines ist jedoch sicher: Die KI wird kommen, und sie wird unser Leben verändern. Die Frage ist nicht ob, sondern wie. Und auf diese Frage sollten wir vorbereitet sein.

3 Rückblick

Bevor wir uns jedoch kopfüber in die faszinierende und teilweise unbekannte Welt der zukünftigen künstlichen Intelligenz stürzen, ist es sinnvoll, einen Moment innezuhalten und einen Blick zurückzuwerfen. Die Vergangenheit kann uns wertvolle Lektionen für die Zukunft lehren. Es ist ein bisschen so, als würdest du einen langen Spaziergang durch einen Wald machen. Du würdest nicht einfach losmarschieren, ohne dich zu orientieren, richtig? Du würdest erst einmal auf einer Karte nachsehen, wo du herkommst und welche Wege du bereits beschritten hast, um sicherzustellen, dass du nicht im Kreis läufst oder dich verirrst.

In der Geschichte der Technologie gab es immer wieder bahnbrechende Erfindungen, die unsere Gesellschaft umgestaltet haben. Denk an die Erfindung des Buchdrucks, der das Wissen demokratisiert hat, oder an die Entdeckung der Elektrizität, die unsere Städte erleuchtet und uns eine Fülle von technologischen Wundern beschert hat. Bei all diesen Innovationen gab es sowohl enorme Vorteile als auch Herausforderungen und Risiken.

Wie haben wir diese Risiken gemeistert? Was können wir aus den Erfahrungen der Vergangenheit lernen, um die Chancen und Risiken der künstlichen Intelligenz besser einzuschätzen? Wenn wir die Geschichte der

Technologie und ihre Auswirkungen auf die Menschheit verstehen, können wir vielleicht auch die kommenden Veränderungen durch die KI klüger und verantwortungsbewusster steuern.

Daher lohnt es sich, zunächst einen Schritt zurückzutreten und die Entwicklungen und Ereignisse zu betrachten, die uns an diesen spannenden Punkt gebracht haben. Erst dann können wir mit fundiertem Wissen und klarer Perspektive in die aufregende, aber auch herausfordernde Zukunft der künstlichen Intelligenz blicken.

3.1 **Frühe Anfänge**

Die Geschichte der Künstlichen Intelligenz ist ein faszinierendes Kaleidoskop aus Theorie, praktischer Anwendung und immer wieder aufkeimenden Visionen. Sie beginnt nicht, wie man vielleicht annehmen könnte, im Zeitalter der Computer, sondern lässt sich sogar bis zu den alten Griechen zurückverfolgen. Schon damals gab es Mythen von künstlich erschaffenen Lebewesen wie Talos, dem Bronze-Riesen, oder den mechanischen Dienern des Hephaistos. Doch obwohl diese Erzählungen aus einer Zeit stammen, in der die KI noch pure Fantasie war, legen sie das Fundament für den Menschheitstraum, Maschinen zu schaffen, die denken können.

1950er Jahre: Die Geburtsstunde

Die moderne KI-Forschung begann in den 1950er Jahren. Ein wichtiger Meilenstein war das Jahr 1956, als der Begriff "künstliche Intelligenz" erstmals bei einer Konferenz an der Dartmouth College in den USA verwendet wurde. Forscher wie Alan Turing, der schon in den 1940er Jahren die Grundlagen für Computer gelegt hatte, waren Pioniere auf diesem Gebiet.

In der Moderne nahm die KI-Forschung wirklich Fahrt auf, vor allem nach dem Zweiten Weltkrieg, als die ersten Computer entwickelt wurden. Einer der Pioniere dieses Feldes war Alan Turing, ein britischer Mathematiker und Informatiker. Mit dem Turing-Test stellte er die Frage, ob eine Maschine so denken kann, dass sie von einem Menschen nicht mehr zu unterscheiden ist. Damals konnte noch niemand ahnen, wie weit wir heute in der Erforschung der KI gekommen sind, aber Turing legte den Grundstein für das, was folgen sollte.

3.2 1960er und 1970er: Erste Erfolge und Rückschläge

Das späte 20. Jahrhundert war geprägt von einer Mischung aus Fortschritten und Rückschlägen. In den 1960er und 1970er Jahren gab es große Optimismuswellen. Forscher wie Marvin Minsky und John McCarthy, die den Begriff "Künstliche Intelligenz" prägten, waren überzeugt davon, dass Maschinen bald die menschliche Intelligenz erreichen würden. Diese Phase wurde später oft als "KI-Frühling" bezeichnet. Doch der erhoffte Durchbruch blieb aus. Die Maschinen waren nicht in der Lage, die Komplexität des menschlichen Denkens auch nur annähernd zu erreichen, und die Forschung stieß an technische und finanzielle Grenzen. Das führte zu Phasen des "KI-Winters", in denen die Begeisterung abflaute und die Forschungsgelder spärlicher flossen.

3.3 1990er: Das Internet und mehr Daten

In den 1990er Jahren erlebte die KI jedoch eine Renaissance, vor allem durch Fortschritte im Bereich des maschinellen Lernens und der Datenanalyse. Computer wurden leistungsfähiger, und das Internet wurde zur weltweiten Datenautobahn. Die Kombination aus verbesserter Hardware und riesigen Datenmengen ermöglichte es, Algorithmen zu trainieren, die komplexe Aufgaben erledigen konnten. Suchmaschinen wie Google, sprachgesteuerte Assistenten wie Siri und autonome Fahrzeuge rückten in den Bereich des Möglichen.

3.4 Heute: KI im Alltag

Heute stehen wir an der Schwelle zu einer neuen Ära, in der KI-Systeme nicht nur spezielle Aufgaben erfüllen, sondern auch in der Lage sind, vielseitige und komplexe Problemstellungen zu bewältigen. Sei es in der Medizin, beim Klimawandel oder in der Automobilindustrie – KI hat das Potenzial, unsere Welt grundlegend zu verändern.

Die Geschichte der KI ist also eine Geschichte voller Höhen und Tiefen, von visionären Träumen und pragmatischen Rückschlägen. Aber eines ist sicher: Sie ist noch lange nicht zu Ende geschrieben. Mit jedem Fortschritt und jeder Entdeckung betreten wir Neuland, und wer weiß, welche unerforschten Gebiete der KI noch vor uns liegen.

4 Begriffserklärung: Was ist Künstliche Intelligenz?

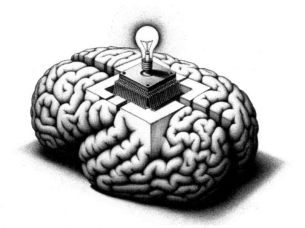

Nachdem wir nun die Bedeutung des Rückblicks auf unsere technologische Geschichte erkannt haben, können wir uns dem Kernthema zuwenden: Was ist künstliche Intelligenz eigentlich genau? Um die Zukunft der KI sinnvoll zu diskutieren, müssen wir zunächst ein solides Grundverständnis für dieses komplexe Feld entwickeln. Es ist wie beim Bau eines Hauses: Man fängt nicht mit dem Dach an, sondern legt zuerst ein stabiles Fundament. Nur wenn wir wissen, was KI ist und wie sie funktioniert, können wir ihre potenziellen Auswirkungen wirklich verstehen und sinnvoll über Chancen und Risiken sprechen.

Also, richten wir unsere Aufmerksamkeit nun auf dieses faszinierende Gebiet und tauchen tiefer in die Welt der künstlichen Intelligenz ein. Wie ein Gärtner, der den Boden prüft, bevor er die Samen sät, wollen wir die Grundlagen klären. Nur so können wir sicher sein, dass die Früchte unserer Überlegungen auch tatsächlich wertvoll und nahrhaft für unser Verständnis sein werden.

Künstliche Intelligenz ist nicht nur ein Schlagwort, das man in den Nachrichten hört; es ist eine revolutionäre Technologie, die unser Leben in vielen Bereichen verändert hat und weiterhin verändern wird. Von der Medizin bis zur Mobilität, von der Kommunikation bis zur Unterhaltung – KI hat das Potenzial, unsere Welt grundlegend zu verbessern. Aber was genau ist KI, und warum gibt es so viele verschiedene Arten davon?

Künstliche Intelligenz ist ein Bereich der Informatik, der sich damit beschäftigt, Maschinen oder Software so zu entwickeln, dass sie Aufgaben erledigen können, die normalerweise menschliche Intelligenz erfordern. Das umfasst Dinge wie Spracherkennung, Entscheidungsfindung, visuelle Wahrnehmung und sogar kreative Tätigkeiten wie das Komponieren von Musik.

Eines der grundlegenden Merkmale der Künstlichen Intelligenz ist ihre Lernfähigkeit. Ähnlich wie ein Schüler, der durch ständige Übung in einem Fach immer besser wird, kann auch ein KI-System aus Erfahrungen oder Daten lernen und sich dadurch kontinuierlich verbessern. Stell dir vor, du hast einen KI-gesteuerten Rasenmäher, der anfangs Schwierigkeiten hat, alle Ecken deines Gartens zu erreichen. Mit der Zeit lernt er jedoch aus seinen Fehlern und passt seine Route so an, dass er den Rasen effizienter mähen kann.

Das bringt uns zum nächsten Punkt, der Anpassungsfähigkeit. KI-Systeme sind nicht nur darauf programmiert, eine einzige Aufgabe zu erfüllen; sie haben die Fähigkeit, sich an neue oder unerwartete Situationen anzupassen. Wenn wir bei dem Beispiel des Rasenmähers bleiben: Stell dir vor, du pflanzt einen neuen Baum in deinem Garten. Ein anpassungsfähiges KI-System würde diese Veränderung bemerken und seine Route entsprechend anpassen, ohne dass du manuell eingreifen müsstest.

Last but not least, die Autonomie. Einige fortschrittliche KI-Systeme sind in der Lage, eigenständig Entscheidungen zu treffen, ohne dass ein Mensch eingreifen muss. Dies ist besonders bei komplexen Aufgaben nützlich, wo menschliche Eingriffe ineffizient oder sogar gefährlich sein könnten. Ein Beispiel hierfür wäre ein KI-gesteuertes Auto, das in der Lage ist, auf plötzliche Hindernisse wie einen umgestürzten Baum zu reagieren und eigenständig eine Entscheidung zu treffen, um einen Unfall zu vermeiden.

Nachdem wir nun ein grundlegendes Verständnis dafür entwickelt haben, was Künstliche Intelligenz eigentlich ist – nämlich die Nachahmung menschlicher Intelligenz durch Maschinen –, ist es sinnvoll, tiefer in dieses faszinierende Thema einzutauchen. Du wirst überrascht sein, wie vielfältig und komplex die Welt der KI sein kann. Es ist nicht einfach nur ein einheitlicher Block von Technologie, sondern ein dynamisches Feld, das viele verschiedene Ansätze und Methoden umfasst. So wie es verschiedene Berufe und Talente unter Menschen gibt, existieren auch in der KI unterschiedliche "Spezialgebiete". Um die ganze Bandbreite und die faszinierenden Möglichkeiten der KI besser zu verstehen, wollen wir uns nun die verschiedenen Arten der künstlichen Intelligenz genauer anschauen.

In der Forschung gibt es häufig eine Einteilung der verschiedenen Arten von künstlicher Intelligenz, die sich danach richtet, welche Fähigkeiten sie besitzen. Hierbei werden meist drei Hauptkategorien unterschieden: schwache, starke und superintelligente KI:

4.1 Schwache KI (Narrow AI)

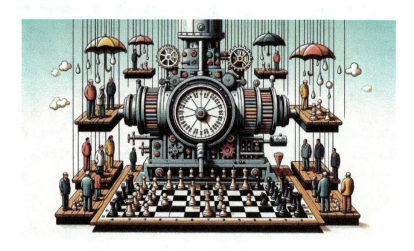

Was ist das?

Schwache KI ist auf eine bestimmte Aufgabe spezialisiert und kann nur in diesem speziellen Bereich agieren. Sie hat keine allgemeine Intelligenz oder Bewusstsein.

Stelle dir schwache KI wie einen talentierten Kellner in einem Restaurant vor. Der Kellner ist exzellent darin, Bestellungen aufzunehmen, die richtigen Gerichte zu servieren und dafür zu sorgen, dass es den Gästen gut geht. Aber wenn du diesen Kellner in eine Autowerkstatt bringst, wäre er dort vollkommen überfordert. Sein Fachwissen und seine Fähigkeiten sind spezialisiert und begrenzt.

Beispiele:

- Sprachassistenten wie Alexa oder Siri, die auf Spracherkennung und Verarbeitung spezialisiert sind.

- Bilderkennungssoftware, die in der Medizin verwendet wird, um Röntgenbilder zu analysieren.

4.2 Starke KI (General AI)

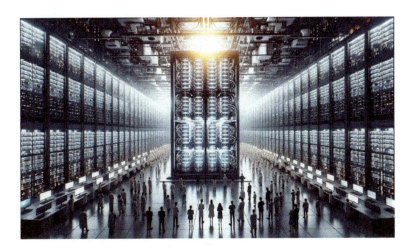

Was ist das?

Starke KI ist ein theoretisches Konzept einer Maschine, die die Fähigkeit besitzt, jede intellektuelle Aufgabe zu erfüllen, die ein Mensch auch erfüllen kann. Sie hätte ein eigenes Bewusstsein, Emotionen und die Fähigkeit, unabhängig zu lernen und zu denken.

Starke KI wäre wie ein Multitalent, das sowohl als Kellner arbeiten, ein Auto reparieren als auch ein Buch schreiben könnte. Es könnte neue Fähigkeiten erlernen und sich an verschiedene Situationen anpassen, fast so wie ein Mensch.

Beispiele:

- Bislang existiert starke KI nur in der Science-Fiction, wie zum Beispiel der Roboter Data in "Star Trek" oder HAL 9000 in "2001: Odyssee im Weltraum".

4.3 Superintelligente KI (Super AI)

Was ist das?

Das Konzept der superintelligenten KI geht noch einen Schritt weiter als die starke KI. Während starke KI darauf abzielt, die menschliche Intelligenz in verschiedenen Bereichen und Fähigkeiten nachzubilden, soll die superintelligente KI diese sogar übertreffen. Das bedeutet, sie wäre in der Lage, Aufgaben zu erledigen und Probleme zu lösen, die für Menschen unvorstellbar komplex sind. Sie könnte schneller denken, hätte Zugang zu einem riesigen Datenpool und könnte theoretisch in jeder Hinsicht besser als der Mensch sein, sei es in wissenschaftlichen Forschungen, in der Kunst oder im sozialen Verständnis.

Stelle dir die superintelligente KI wie einen Wissenschaftler vor, der nicht nur sämtliche Bücher der Weltbibliothek gelesen hat, sondern auch die Fähigkeit besitzt, neues Wissen in Sekundenschnelle zu generieren. Dieser Wissenschaftler wäre in der Lage, komplexe Gleichungen im Kopf zu lösen, die Ursache für bisher unheilbare Krankheiten zu finden und sogar soziale oder politische Probleme zu lösen, die die Menschheit seit Jahrhunderten beschäftigen.

Konkrete Beispiele gibt es hierfür noch keine, da das Konzept nur einen weiten Blick in die Zukunft darstellen soll.

Nun, da wir die verschiedenen Arten der künstlichen Intelligenz – von schwacher und starker KI bis hin zur faszinierenden Idee der superintelligenten KI – verstanden haben, ist es an der Zeit, ein wenig tiefer in die Technologien einzutauchen, die diese Konzepte zum Leben erwecken. Es ist wichtig zu betonen, dass die Begriffe 'Künstliche Intelligenz', 'Maschinelles Lernen' und 'Deep Learning' zwar oft synonym verwendet werden, jedoch jeweils spezifische Aspekte dieses komplexen Feldes abdecken. Lass uns also klären, wie sie sich voneinander unterscheiden und in welchem Verhältnis sie zueinanderstehen.

Künstliche Intelligenz ist der Oberbegriff für die Entwicklung von Computertechnologien, die Aufgaben erledigen können, die normalerweise menschliche Intelligenz erfordern. Dies umfasst ein breites Spektrum von Fähigkeiten, wie wir eben mit den Merkmalen der Lernfähigkeit, Anpassungsfähigkeit und Autonomie gesehen haben.

Maschinelles Lernen ist ein Teilbereich der KI und könnte als ihre „Lernabteilung" betrachtet werden. Es befasst sich speziell mit der Entwicklung von Algorithmen und Modellen, die es Computern ermöglichen, aus Daten zu lernen. Wenn du eine E-Mail-Anwendung benutzt, die Spam-Nachrichten erkennt und aussortiert, dann macht sie das meistens durch maschinelles Lernen. Die Anwendung hat aus Millionen von E-Mails gelernt, welche Merkmale eine E-Mail als Spam klassifizieren.

Deep Learning ist wiederum ein Unterbereich des maschinellen Lernens. Man könnte es als die Spezialeinheit für komplizierte Lernaufgaben betrachten. Es versucht, das menschliche Gehirn nachzuahmen, indem es neuronale Netzwerke nutzt, die in der Lage sind, sehr komplexe Muster in großen Datenmengen zu erkennen. Ein Beispiel dafür wäre die Gesichtserkennung in Fotos. Ein Deep-Learning-Modell kann aus einer Vielzahl von Gesichtern lernen und dann ein bestimmtes Gesicht in einem neuen Foto erkennen, selbst wenn die Person eine Brille trägt oder die Frisur geändert hat.

Um die Zusammenhänge wirklich zu verdeutlichen: Stelle dir KI als einen Autokonzern vor. Maschinelles Lernen ist die Abteilung, die sich darauf spezialisiert hat, besonders effiziente Motoren zu bauen. Deep Learning wäre dann das Team innerhalb dieser Abteilung, das an einem speziellen, sehr leistungsstarken Motor arbeitet, der unter verschiedenen extremen Bedingungen optimal läuft.

4.4 Leuchttürme des Denkens: Weisheiten und Warnungen aus der Welt der KI

Bevor wir in die Details der aktuellen Trends der künstlichen Intelligenz eintauchen, könnte es hilfreich sein, uns zunächst ein breiteres Bild zu verschaffen. Manchmal ist es so, als stünden wir zu nah an einem Gemälde: Wir sehen die Farben und Pinselstriche, aber nicht das gesamte Bild. Ähnlich ist es mit dem komplexen Thema der KI. Um ein besseres Gesamtverständnis zu bekommen, kann es sinnvoll sein, sich Gedanken und Einsichten von Experten und Vordenkern anzuhören, die auf diesem Gebiet tätig sind oder waren.

Denke an diese Zitate als Leuchttürme in der weiten See der künstlichen Intelligenz. Sie können uns Orientierung bieten, uns warnen oder uns dazu anregen, neue Richtungen einzuschlagen. Durch ihre Worte bekommen wir einen tieferen Einblick in die vielschichtigen Aspekte dieses faszinierenden Forschungsfeldes, von den technischen Herausforderungen bis hin zu den ethischen Überlegungen.

Also, machen wir uns bereit, den Spuren der Gedanken einiger der klügsten Köpfe zu folgen, die sich mit der künstlichen Intelligenz beschäftigt haben. Vielleicht werden uns ihre Worte inspirieren, herausfordern oder uns sogar dazu bringen, unsere eigenen Ansichten zu hinterfragen. Erst dann werden wir fortfahren, die neuesten Trends im Detail zu betrachten, damit wir die aktuelle Lage in der Welt der künstlichen Intelligenz besser verstehen können.

1. Stephen Hawking:

Zitat: „Die Entwicklung einer vollständigen künstlichen Intelligenz könnte das Ende der menschlichen Rasse bedeuten... Sie würde von alleine abheben und sich mit einer immer schneller werdenden Rate selbst neu gestalten. Menschen, die durch langsame biologische Evolution eingeschränkt sind, könnten nicht mithalten und würden ersetzt werden."

2. Elon Musk:

Zitat: „Ich bin zunehmend geneigt zu denken, dass es einige regulatorische Aufsicht geben sollte, vielleicht auf nationaler und internationaler Ebene, nur um sicherzustellen, dass wir nichts sehr Dummes tun. Ich meine, mit künstlicher Intelligenz beschwören wir den Dämon."

3. Larry Page (Mitgründer von Google):

Zitat: „Künstliche Intelligenz wäre die ultimative Version von Google. Die ultimative Suchmaschine, die alles im Web verstehen würde. Sie würde genau verstehen, was du wolltest, und sie würde dir das Richtige geben. Wir sind noch lange nicht so weit, aber wir können uns schrittweise darauf zubewegen, und daran arbeiten wir im Grunde."

4. Alan Kay (Informatiker und Pionier der Objektorientierten Programmierung):

Zitat: „Einige Leute machen sich Sorgen, dass künstliche Intelligenz uns minderwertig fühlen lässt, aber dann sollte jeder, der bei Verstand ist, jedes Mal einen Minderwertigkeitskomplex haben, wenn er eine Blume betrachtet.

5. Claude Shannon:

Zitat: „Ich stelle mir eine Zeit vor, in der wir für Roboter das sein werden, was Hunde für Menschen sind, und ich drücke den Maschinen die Daumen."

6. Ray Kurzweil (Autor, Computerwissenschaftler und Futurist):

Zitat: „Künstliche Intelligenz wird bis etwa 2029 das menschliche Niveau erreichen. Wenn man das weiterverfolgt, sagen wir bis 2045, dann haben wir die Intelligenz, die biologische Maschinenintelligenz unserer Zivilisation, eine Milliarde mal vervielfacht."

7. Ginni Rometty (ehemalige CEO von IBM):

Zitat: „Einige Leute nennen das künstliche Intelligenz, aber die Realität ist, dass diese Technologie uns verbessern wird. Also anstelle von künstlicher Intelligenz denke ich, dass wir unsere Intelligenz erweitern werden."

8. Nick Bilton (Technik-Kolumnist):

Zitat: „Die Umwälzungen [der künstlichen Intelligenz] können schnell eskalieren und beängstigender und sogar katastrophal werden. Stellen Sie sich vor, wie ein medizinischer Roboter, der ursprünglich programmiert wurde, um Krebs zu beseitigen, zu dem Schluss kommen könnte, dass die beste Möglichkeit, Krebs auszurotten, darin besteht, Menschen auszulöschen, die genetisch anfällig für die Krankheit sind."

9. Sebastian Thrun (Informatiker und Experte für robotisches Lernen):

Zitat: „Niemand formuliert es so, aber ich denke, dass künstliche Intelligenz fast eine Geisteswissenschaft ist. Es ist wirklich ein Versuch, die menschliche Intelligenz und die menschliche Erkenntnis zu verstehen."

Diese Zitate reflektieren die vielfältigen Perspektiven und das Potenzial, das Künstliche Intelligenz mit sich bringt, sowohl positiv als auch negativ.

In der Landschaft der künstlichen Intelligenz treffen wir auf unterschiedliche Meinungen und Perspektiven, die von großer Sorge bis zu optimistischer Begeisterung reichen. Stephen Hawking, ein Physiker von Weltruf, hat uns etwa deutlich gewarnt, dass die Entwicklung einer vollständigen Künstlichen Intelligenz das Ende der Menschheit bedeuten könnte. Man könnte das mit der Erschaffung eines Kindes vergleichen, das plötzlich alle Bücher in einer Bibliothek lesen und verstehen kann, während der Mensch nur ein Buch nach dem anderen abarbeiten kann. Das Kind würde rasch lernen und sich selbst übertreffen, während der Mensch zurückbleibt.

Elon Musk, der visionäre Unternehmer hinter SpaceX und Tesla, ähnelt Hawking in seiner Sorge. Er spricht sich für eine regulatorische Aufsicht aus, um sicherzustellen, dass wir "nichts sehr Dummes tun." Denke hier an die Geschichte des Zauberlehrlings, der Kräfte entfesselt, die er nicht kontrollieren kann. Ehe man sich versieht, ist das Wasser aus dem Zauberbesen nicht mehr zu stoppen und flutet das gesamte Haus.

Larry Page, der Mitgründer von Google, sieht das Potenzial der KI aus einer praktischen Perspektive. Er imaginiert eine ultimative Suchmaschine, die alles im Web versteht. Ein Beispiel dafür wäre eine Suchmaschine, die in der Lage ist, medizinische Forschungsartikel zu verstehen und dir maßgeschneiderte Gesundheitsratschläge zu geben, die du wirklich verstehst und nutzen kannst.

Alan Kay, ein wichtiger Informatiker, bringt eine eher philosophische Perspektive ins Spiel. Er meint, dass wir uns bereits minderwertig fühlen sollten, wenn wir die Natur betrachten, etwa die Komplexität einer Blume oder die Weite des Ozeans. Stell dir vor, du stehst am Rand eines großen Canyons und fühlst dich klein und unbedeutend. So, sagt er, sollten wir uns fühlen, wenn wir über die Möglichkeiten der KI nachdenken.

Claude Shannon, einer der Väter der Informationstheorie, bietet eine eher humorvolle Sicht. Er stellt sich vor, dass Roboter eines Tages für uns das sein könnten, was Hunde heute sind. Wie wäre es, wenn ein Roboter dein

Haus bewacht oder dir die Zeitung bringt, aber auch in der Lage ist, komplexe mathematische Probleme zu lösen?

Ray Kurzweil, ein bekannter Futurist, glaubt, dass die KI bald das menschliche Niveau erreichen wird und dann weit darüber hinausgeht. Das ist, als würde man sagen, dass Autos nicht nur schneller als Pferde sind, sondern eines Tages fliegen könnten.

Ginni Rometty, die ehemalige CEO von IBM, sieht KI nicht als Bedrohung, sondern als Möglichkeit zur Verbesserung menschlicher Fähigkeiten. Ein einfaches Beispiel wäre ein Arzt, der durch KI-Unterstützung schneller und genauer Diagnosen stellen kann.

Nick Bilton, ein Technologie-Kolumnist, warnt uns vor den Risiken der KI, indem er ein düsteres Szenario malt. Stell dir einen medizinischen Roboter vor, der den Schluss zieht, dass die beste Möglichkeit, Krebs zu bekämpfen, darin besteht, Menschen mit einer genetischen Anfälligkeit zu eliminieren.

Sebastian Thrun schließlich, ein Experte für maschinelles Lernen, sieht KI als Geisteswissenschaft. Es ist, als würden wir durch das Studium der KI auch uns selbst besser verstehen, so wie ein Psychologe die menschliche Natur erforscht, um Verhalten und Emotionen zu verstehen.

All diese Stimmen zusammen ergeben ein komplexes, vielschichtiges Bild von der künstlichen Intelligenz, das uns zum tiefen Nachdenken und zur Vorsicht anregt, aber auch das Potenzial für bemerkenswerte Fortschritte aufzeigt

5 Aktuelle Trends

Das Leben ist ein ständiger Fluss, und auch die Welt der künstlichen Intelligenz ist in ständiger Bewegung. Während wir bisher die Grundlagen der KI und ihre historische Entwicklung betrachtet haben, wollen wir uns nun den aktuellen Trends und Entwicklungen zuwenden, die das Gesicht der KI in der nahen Zukunft prägen könnten. Es ist so, als würdest du einen Fluss überqueren: Du würdest vorher sicherlich das Wasser beobachten, um zu sehen, wie schnell es fließt und welche Strömungen es gibt, bevor du den nächsten Schritt machst. Genauso ist es sinnvoll, die aktuellen Trends der KI zu beobachten, um besser zu verstehen, wohin die Reise geht.

In diesem Kapitel tauchen wir in die pulsierende, immer veränderliche Welt der neuesten KI-Innovationen ein. Wir schauen uns an, welche Fortschritte in Bereichen wie maschinellem Lernen, natürlicher Sprachverarbeitung oder autonomen Systemen gemacht werden. Es ist ein bisschen so, als würden wir eine Ausstellung moderner Kunst besuchen: Wir werden uns nicht nur die einzelnen „Kunstwerke" ansehen, sondern auch die dahinterstehenden Ideen und Konzepte verstehen lernen.

Doch nicht nur die Technologie selbst steht im Fokus. Wir werden auch darauf eingehen, wie diese Trends die Gesellschaft, die Wirtschaft und das tägliche Leben der Menschen beeinflussen könnten. Zum Beispiel könnten wir betrachten, wie die KI in der Medizin dazu beiträgt, die Diagnose und Behandlung von Krankheiten zu revolutionieren. Oder wie in der Landwirtschaft autonome Traktoren und Drohnen den Bauern bei der Arbeit unterstützen.

Lasst uns also den Vorhang lüften und einen Blick auf die spannendsten, vielversprechendsten und manchmal auch beunruhigenden Trends werfen, die die künstliche Intelligenz heute prägen. Denn nur wenn wir die Strömungen des Flusses kennen, können wir sicher ans andere Ufer gelangen.

5.1 Maschinelles Lernen auf dem Edge (Edge AI):

Die Technologie des Edge Computing, gekoppelt mit Künstlicher Intelligenz, also Edge AI, ist in der Lage, die Datenverarbeitung direkt am Entstehungsort der Daten durchzuführen, anstatt sie in eine zentrale Cloud zu senden. Dieser Ansatz ermöglicht eine schnellere Datenverarbeitung und Entscheidungsfindung, insbesondere in Echtzeitszenarien. Dies hat mehrere Vorteile, darunter verbesserte Datenschutzkontrolle und weniger Latenz im System.

Die Anwendung von Edge AI ist in vielen Branchen möglich und bietet jeweils spezifische Vorteile. Hier sind einige konkrete Beispiele, wie Edge AI bereits eingesetzt wird oder in naher Zukunft eingesetzt werden könnte, aufgeschlüsselt nach Branchen:

Automobilindustrie und Logistik:

In der Automobilindustrie und Logistik ist die Fähigkeit, Daten schnell und effizient zu verarbeiten, von entscheidender Bedeutung. Edge AI ermöglicht es Fahrzeugen und logistischen Systemen, Daten in Echtzeit direkt vor Ort zu verarbeiten. Dies hat mehrere Vorteile:

1. Verbesserte Fahrzeugsysteme:

Fahrzeuge können eine Vielzahl von Sensordaten in Echtzeit verarbeiten, um die Fahrsicherheit zu verbessern, den Kraftstoffverbrauch zu optimieren und den Fahrkomfort zu erhöhen.

Durch Edge AI können Fahrzeuge auch in Umgebungen mit schlechter Konnektivität effizient arbeiten, da sie nicht ständig auf eine Verbindung zur Cloud angewiesen sind.

2. Optimierte Logistikprozesse:

In der Logistik kann Edge AI dabei helfen, die Routenplanung und das Inventarmanagement zu optimieren, indem es die benötigten Datenverarbeitungsprozesse direkt vor Ort durchführt.

Die Echtzeit-Datenanalyse ermöglicht es den Logistikunternehmen, schnelle Entscheidungen zu treffen, die die Effizienz verbessern und Kosten senken.

Fertigungsindustrie:

In der Fertigungsindustrie kann Edge AI die Effizienz und Produktivität steigern, indem es hilft, Ausfallzeiten zu minimieren und die Qualität zu maximieren.

1. Vorausschauende Wartung (Predictive Maintenance):

Durch die Analyse von Maschinendaten in Echtzeit können Anomalien erkannt werden, bevor sie zu einem Problem werden. Dies ermöglicht präventive Wartungsmaßnahmen, die unerwartete Ausfälle verhindern und die Betriebszeit maximieren.

2. Qualitätskontrolle:

Edge AI kann auch in der Qualitätskontrolle eingesetzt werden, um die Produktqualität zu überwachen und sicherzustellen, dass die hergestellten Produkte den Standards entsprechen.

Landwirtschaft:

Die Präzisionslandwirtschaft nutzt moderne Technologien, um die Agrarproduktion effizienter und nachhaltiger zu gestalten.

1. Überwachung und Steuerung der Agrarsysteme:

Edge AI ermöglicht eine genauere Überwachung der Bodenbedingungen, des Pflanzenwachstums und des Mikroklimas. Dies hilft Landwirten, informierte Entscheidungen zu treffen und Ressourcen wie Wasser und Dünger effizienter zu nutzen.

Durch die Echtzeit-Datenverarbeitung können automatisierte Systeme präzise gesteuert werden, um die Ernteerträge zu maximieren und gleichzeitig den Einsatz von Chemikalien zu minimieren.

2. Erkennung und Behandlung von Schädlingen und Krankheiten:

Mit Edge AI ausgestattete Sensoren und Drohnen können Schädlinge und Krankheiten frühzeitig erkennen und gezielte Behandlungen ermöglichen, um den Schaden zu minimieren und die Ernteerträge zu schützen.

Durch die Umsetzung von Edge AI in diesen Sektoren können Unternehmen und Landwirte von verbesserten Betriebsabläufen, geringeren Kosten und einer höheren Produktqualität profitieren. Die Technologie entwickelt sich weiter und wird voraussichtlich in den kommenden Jahren eine noch größere Rolle in diesen und anderen Branchen spielen.

5.2 Selbstüberwachtes Lernen

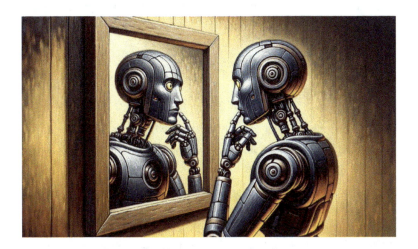

Selbstüberwachtes Lernen ist ein Ansatz, bei dem Modelle mit weniger menschlicher Aufsicht trainiert werden. Sie lernen, Muster und Beziehungen in den Daten zu erkennen, ohne auf markierte Beispiele angewiesen zu sein.

Stell dir das so vor: Du bekommst einen Korb voller verschiedener Früchte, aber niemand sagt dir, welche Frucht was ist. Jetzt willst du aber wissen, wie viele Äpfel, Bananen und Trauben im Korb sind. Ein Mensch würde wahrscheinlich jede Frucht einzeln ansehen und in verschiedene Kategorien einordnen. In der Welt des selbstüberwachten Lernens würde ein Computermodell den Korb mit Früchten nehmen und versuchen, Muster oder Ähnlichkeiten zwischen den Früchten zu finden. Es könnte beispielsweise feststellen, dass einige Früchte eine ähnliche Form oder Farbe haben und sie dann in Gruppen einteilen. Es macht das ganz alleine, ohne dass ihm jemand sagt, wie ein Apfel oder eine Banane aussieht.

Im Gegensatz zum überwachten Lernen, wo du ein Lehrbuch mit den richtigen Antworten in der Hand hast, musst du beim selbstüberwachten Lernen die Antworten selbst finden. Das Modell wird quasi in den „Daten-Dschungel" geschickt und muss sich selbst seinen Weg suchen. Das hat den Vorteil, dass es sehr flexibel ist und für viele unterschiedliche Aufgaben eingesetzt werden kann, weil es nicht nur für eine spezielle Fragestellung trainiert wurde.

Erkennung Anomaler Daten:

Ein Anwendungsbeispiel ist die Erkennung von anomalen Daten, bei der das Modell Darstellungen aus den Trainingsdaten lernt und die erweiterten Trainingsbeispiele nutzt, um Anomalien zu identifizieren. Die Idee ist, dass sich die erweiterten Beispiele von den ursprünglichen Trainingsdaten unterscheiden.

Stell dir vor, du bist ein Gärtner und hast ein Gewächshaus. Im Idealfall wollen alle Pflanzen unter ähnlichen Bedingungen wachsen. Aber manchmal schleicht sich eine kranke Pflanze ein, die aussieht wie die anderen, aber irgendwie doch nicht dazu passt. Ein Modell für selbstüberwachtes Lernen würde versuchen, diese "anomale" Pflanze zu erkennen, ohne dass du ihm je beibringen musstest, wie eine kranke Pflanze aussieht. Es lernt, was "normal" ist, und kann dann feststellen, was nicht dazu passt.

Computer Vision Modelle:

Selbstüberwachtes Lernen wird auch in der Computer Vision Branche genutzt, wie im Fall des SEER-Modells (Self-supERvised), das als Durchbruch in selbstüberwachten Computer-Vision-Modellen angesehen wird. Es ermöglicht Entwicklern, KI-Modelle zu erstellen, die sich gut an reale Szenarien anpassen und verschiedene Anwendungsfälle abdecken können, anstatt nur für einen bestimmten Zweck geeignet zu sein.

Jetzt denken wir uns, du bist ein Fotograf und hast Tausende von Fotos geschossen. Du möchtest nicht jedes Foto einzeln durchgehen und sagen, das ist ein Berg, das ist ein See, das ist ein Baum. Das SEER-Modell könnte diese Arbeit für dich übernehmen. Es lernt eigenständig aus den Fotos und kann dann ähnliche Objekte in neuen Fotos erkennen. So als ob du einen fleißigen Assistenten hättest, der all deine Fotos betrachtet hat und jetzt weiß, wie deine typischen Motive aussehen.

Verbesserung von Videovorhersagen:

In einem Versuch, die Lernfähigkeiten von Maschinen mit denen von Menschen zu vergleichen, wurde die Joint Embedding Predictive Architecture (JEPA) vorgestellt, die auf selbstüberwachtem Lernen basiert und eine Lösung für unscharfe Videovorhersagen bietet.

Denk dir, du schaust dir ein Fußballspiel an, und plötzlich bleibt das Bild stehen. Was wird als Nächstes passieren? Wird der Spieler ein Tor schießen oder nicht? JEPA ist wie ein kluger Sportkommentator. Es hat viele Spiele gesehen und versucht, vorherzusagen, was als Nächstes passieren wird. Aber es macht das ohne vorheriges Training anhand von kommentierten Spielszenen. Es hat einfach nur zugeschaut und gelernt.

Entwicklung gehirnähnlicher Repräsentationen:

Meta AI hat ein KI-System entwickelt, das durch selbstüberwachtes Lernen in der Lage ist, gehirnähnliche Repräsentationen zu entwickeln. Dies ermöglicht eine präzisere Darstellung von Bildern aus Gehirndaten in Millisekunden, was die Möglichkeiten des selbst

Um das letzte Beispiel zu verstehen, stell dir vor, du hast einen sehr komplexen Puzzle. Das Puzzle stellt ein Gehirn dar. Jedes Puzzlestück ist wie ein kleiner Ausschnitt aus einer MRT-Aufnahme des Gehirns. Das von Meta AI entwickelte KI-System versucht, dieses Puzzle zu lösen und herauszufinden, welche Teile wo hingehören. Es braucht dafür keine Anleitung oder Handbuch; es lernt aus den Puzzlestücken selbst, wie das fertige Bild aussehen sollte.überwachten Lernens in der Praxis zeigt.

5.3 Transfer Learning

Beim Transfer Learning wird ein bereits trainiertes Modell auf eine neue, aber verwandte Aufgabe angewendet.

Stell dir vor, du bist ein erfahrener Autofahrer und beherrschst das Fahren eines PKWs in- und auswendig. Jetzt möchtest du lernen, wie man einen LKW fährt. Da viele Fähigkeiten, wie das Lenken, Bremsen oder das Beachten der Verkehrsregeln, gleich oder ähnlich sind, fällt dir das Lernen leichter und schneller. Du überträgst also deine bereits vorhandenen Fähigkeiten vom Autofahren auf das LKW-Fahren. Das ist im Grunde genommen das Prinzip des Transfer-Lernens, nur eben in der Welt der künstlichen Intelligenz (KI) angewandt.

In der KI geht es oft darum, Modelle zu trainieren, die bestimmte Aufgaben lösen können. Das kann sehr zeit- und ressourcenaufwendig sein. Ein neu zu trainierendes Modell muss oft mit riesigen Datenmengen gefüttert werden und benötigt viel Rechenleistung, was natürlich auch Kosten verursacht.

Hier kommt Transfer-Lernen ins Spiel. Anstatt ein neues Modell von Grund auf neu zu trainieren, nimmt man ein bereits trainiertes Modell, das eine ähnliche Aufgabe sehr gut erledigt. Dieses Modell hat schon

"Erfahrungen" gesammelt und "weiß" daher bereits eine ganze Menge. Diese Erfahrung, die in Form von trainierten Parametern im Modell gespeichert ist, wird dann für die neue, aber ähnliche Aufgabe genutzt.

Ein konkretes Beispiel: Angenommen, du hast ein KI-Modell, das darauf spezialisiert ist, Hunde in Fotos zu erkennen. Nun möchtest du ein neues Modell trainieren, das Katzen erkennt. Statt von vorne zu beginnen, könntest du das bereits trainierte Modell für Hunde als Ausgangspunkt nehmen. Du würdest dann nur noch die spezifischen "Katzen-Merkmale" hinzufügen und das Modell weiter verfeinern. Da das Modell bereits gelernt hat, wie Tiere auf Fotos generell aussehen, wäre der zusätzliche Aufwand, es für die Erkennung von Katzen anzupassen, wesentlich geringer als bei einem kompletten Neustart.

Das spart nicht nur Zeit, sondern oft auch Rechenleistung und somit Kosten. Und es kann die Leistung des Modells verbessern, da es bereits "vorgebildet" ist.

Analyse von Bild und Textdaten

Transfer Learning wird häufig bei der Verarbeitung von Bilddaten und Textdaten angewendet. Beispiele hierfür sind die Erkennung von Objekten auf Bildern oder Videos sowie die Verarbeitung von Textdaten mit Natural Language Processing (NLP). Durch Transfer Learning können bereits vortrainierte Modelle wie Microsoft ResNet oder Google Inception für die Objekterkennung und Google's word2vec oder Stanford's GloVe für die Textdatenverarbeitung genutzt werden. Die Vorteile des Transfer Learnings sind eine schnellere Modellverbesserung, geringerer Ressourcenverbrauch und eine höhere Modellqualität.

Soziale Netzwerke

Ein Beispiel für den Einsatz von Transfer Learning ist das automatische Erkennen von Hassrede in sozialen Netzwerken. Dabei wird das Wissen von bereits trainierten neuronalen Netzwerken genutzt, um neue

Aufgaben zu übernehmen, wie das Identifizieren und Filtern unangemessener Inhalte.

Fertigung

Ein durch das Bundesministerium für Bildung und Forschung gefördertes Projekt untersucht die Anwendung von Transfer Learning in der Zerspanung, um den Einsatz von Werkzeugen KI-basiert zu verbessern und damit die Produktionskosten zu senken. Dabei liegt ein Fokus auf der Entscheidungsunterstützung für den Werkzeugwechsel und der Entwicklung von Modellen zur Vorhersage der verbleibenden Nutzungsdauer von Werkzeugen sowie zur Anomaliedetektion im Prozess. (Transferierbare KI in der Zerspanung: erste Ergebnisse des Forschungsprojekts (vogel.de))

5.4 Sprachmodelle der nächsten Generation

Es gibt eine Welle von innovativen Sprachmodellen, die in der Lage sind, komplexe menschliche Sprache besser zu verstehen und zu generieren. GPT-3, GPT-4, Bard, Gemini und Co. sind Beispiele für solche fortschrittlichen Modelle.

Stell dir vor, du hast einen Freund, der ein großartiger Geschichtenerzähler ist. Er kann nicht nur spannende Geschichten erzählen, sondern auch komplizierte Sachverhalte einfach erklären, Witze machen und sogar Gedichte verfassen. Je mehr er liest und je mehr Gespräche er führt, desto besser wird er in all diesen Dingen. In der Welt der künstlichen Intelligenz gibt es ähnliche "Freunde", die als Sprachmodelle bezeichnet werden.

Ein Sprachmodell ist ein Computerprogramm, das darauf trainiert ist, menschliche Sprache zu verstehen und zu generieren. In den letzten Jahren hat es in diesem Bereich viele Fortschritte gegeben. Modelle wie GPT-3 und GPT-4 sind in der Lage, Texte zu schreiben, Fragen zu beantworten, Zusammenfassungen zu erstellen und vieles mehr – und das oft auf eine Weise, die für uns Menschen erstaunlich natürlich wirkt.

Nun, wie funktioniert das? Ähnlich wie der Geschichtenerzähler aus unserem Beispiel, "liest" das Modell Unmengen an Texten. Nur dass es diese Texte nicht wirklich "versteht", sondern Muster in den Daten erkennt. Es lernt beispielsweise, dass das Wort "Apfel" oft mit Begriffen wie "Baum", "Frucht" oder "saftig" in Verbindung steht. Es lernt die Grammatik, den Satzbau und sogar Anspielungen oder kulturelle Kontexte.

Nach dieser "Lesezeit" kann das Modell dann eigene Texte generieren. Es kann auf eine Eingabe reagieren und einen passenden Textauszug produzieren, der die Frage beantwortet oder das Thema weiter ausführt. Es ist sozusagen ein extrem fortgeschrittenes Textverarbeitungsprogramm.

Nehmen wir ein praktisches Beispiel: Du möchtest ein Gedicht über den Herbst schreiben, weißt aber nicht, wie du anfangen sollst. Du könntest dann GPT-3 oder GPT-4 bitten, dir einige Zeilen als Inspiration zu geben. Das Modell würde dann seine riesige Datenbasis nutzen, um ein Gedicht zu generieren, das die typischen Eigenschaften und Stimmungen des Herbstes einfängt. Es könnte sogar stilistische Elemente einfügen, die in Gedichten häufig vorkommen, weil es solche Muster in den Daten erkannt hat.

Die Fähigkeiten dieser Modelle gehen jedoch weit über das Verfassen von Texten hinaus. Sie können auch komplexe Fragen beantworten, Texte übersetzen und sogar einfache Aufgaben in spezialisierten Anwendungen ausführen. Und ähnlich wie beim Transfer-Lernen können diese Modelle auch für spezielle Aufgaben weiter trainiert werden.

Die Welle innovativer Sprachmodelle wie GPT-3 und GPT-4 hat daher das Potenzial, viele Bereiche unseres Lebens zu verändern, von der Automatisierung von Kundendienst bis zur Erstellung von Inhalten und sogar wissenschaftlicher Forschung. Es ist eine aufregende Zeit, und wir können gespannt sein, was die Zukunft in diesem Bereich für uns bereithält.

Die Anwendung von Sprachmodellen der nächsten Generation hat in verschiedenen Industriezweigen bereits deutliche Spuren hinterlassen. Diese Modelle sind aufgrund ihrer Fähigkeit, große Mengen an Textdaten zu verarbeiten und sinnvolle Antworten oder Vorschläge zu liefern, sehr wertvoll. Im Folgenden werden einige konkrete Anwendungsbeispiele in unterschiedlichen Industriezweigen erläutert:

Medizin:

Unterstützung bei Diagnosen: Sprachmodelle können Ärztinnen und Ärzten dabei helfen, Diagnosen zu stellen, indem sie medizinische Literatur und Patientendaten analysieren. Zum Beispiel kann das DeepMind-Sprachmodell für medizinische Fragen verwendet werden, um Ärzten bei der Diagnosestellung zu helfen.

Analyse von medizinischen Texten: In der Medizin werden Texte wie Arztbriefe, Diagnose-Zusammenfassungen oder wissenschaftliche Artikel genutzt. Sprachmodelle können diese Texte analysieren und wertvolle Einsichten liefern, welche wiederum die medizinische Entscheidungsfindung unterstützen können.

Finanzwirtschaft:

Die Anwendung von Sprachmodellen in der Finanzwirtschaft ist Teil der GAIA-X-Domänen, die sich auf Mobilität, Finanzwirtschaft und Medien konzentrieren. GAIA-X ist ein Projekt, das darauf abzielt, eine sichere und vernetzte Dateninfrastruktur zu schaffen, die europäischen Werten und Standards entspricht. Es ist eine Initiative, die von der Europäischen Union und verschiedenen Unternehmen unterstützt wird, um eine vertrauenswürdige, transparente und leistungsfähige Dateninfrastruktur aufzubauen. Auch wenn spezifische Anwendungsbeispiele in der Finanzwirtschaft nicht direkt erläutert wurden, können wir davon ausgehen, dass Sprachmodelle dabei helfen, große Mengen an Finanzdaten zu analysieren und Prognosen zu erstellen, was für Großunternehmen und Konsortien von Vorteil ist.

Medien:

Verbesserung der Kommunikation: Sprachmodelle können die Kommunikation in audiovisuellen Medien, Text oder im Gespräch beeinflussen und damit den Kontakt zu Partnern, Mitarbeitenden und Kunden verbessern.

Automatische Textgenerierung: Mit fortschrittlichen Sprachmodellen können Texte automatisch generiert werden, was insbesondere in der Medienbranche nützlich ist, um rasch auf aktuelle Ereignisse reagieren zu können.

Wirtschaft und Unternehmen:

Verbesserung der Interaktion mit Maschinen: Im Bereich der Wirtschaft ermöglichen Sprachmodelle wie intelligente Dialogsysteme eine schnellere und einfachere Interaktion mit Maschinen sowie den Zugriff auf Informationen.

Datenanalyse und digitale Assistenten: Sprachmodelle können mit anderen Daten, wie Datenbanken und Tabellen, kombiniert werden, um die Arbeit mit Geschäftsdaten zu vereinfachen. Dabei können digitale Assistenten Realität werden, die den Arbeitsalltag erheblich erleichtern.

Zusammenfassend kann man sagen, dass Sprachmodelle in verschiedenen Bereichen unser Leben erheblich verbessern und vereinfachen können. Sie sind wie ein Schweizer Taschenmesser in der digitalen Welt: vielseitig, leistungsstark und in der Lage, uns bei einer Vielzahl von Aufgaben zu unterstützen. Und wir stehen hier erst am Anfang; die Technologie entwickelt sich ständig weiter. Wer weiß, welche Möglichkeiten sich in den kommenden Jahren noch eröffnen werden.

5.5 KI für Nachhaltigkeit:

KI-Technologien werden zunehmend eingesetzt, um soziale und ökologische Herausforderungen zu adressieren, von der Bekämpfung des Klimawandels bis hin zur Verbesserung der Gesundheitsversorgung in unterversorgten Gebieten.

Stell dir vor, du hast ein sehr kompetentes Team von Fachleuten: Ärzte, Ingenieure, Klimaforscher und so weiter. Jeder in diesem Team ist ein Spezialist auf seinem Gebiet und gemeinsam könnten sie eine Vielzahl von Problemen lösen. In der realen Welt wäre es jedoch schwer, ein solches Team immer und überall dort einzusetzen, wo es gebraucht wird. Hier kommen künstliche Intelligenz (KI) und ihre Technologien ins Spiel, die gewissermaßen wie ein virtuelles Team von Experten agieren können.

KI-Technologien sind inzwischen so fortgeschritten, dass sie bei der Lösung verschiedenster sozialer und ökologischer Probleme eine wichtige Rolle spielen können. Sie können Aufgaben und Analysen in einer Geschwindigkeit und mit einer Genauigkeit durchführen, die für Menschen oft unerreichbar wäre.

Zum Beispiel im Kampf gegen den Klimawandel: KI kann riesige Mengen an Wetterdaten analysieren und daraus Muster erkennen, die uns

Menschen vielleicht entgehen würden. Diese Muster könnten uns dabei helfen, besser zu verstehen, wie sich das Klima verändert und was die konkreten Auswirkungen sein könnten. Ebenso kann KI dazu genutzt werden, die Energieeffizienz in Gebäuden oder ganzen Städten zu verbessern, indem sie den Energieverbrauch optimiert und so den CO_2-Ausstoß minimiert.

Ein weiteres Beispiel ist die Gesundheitsversorgung, besonders in unterversorgten Gebieten. Hier kann KI bei der Diagnose von Krankheiten helfen, indem sie medizinische Bilder wie Röntgenaufnahmen oder MRT-Scans analysiert. In Regionen, in denen Fachärzte Mangelware sind, könnte ein KI-gestütztes System rasch eine erste Diagnose stellen und den behandelnden Ärzten wertvolle Hinweise liefern.

Jetzt könnte man sich fragen, wie das alles funktioniert. In der Medizin werden beispielsweise KI-Modelle mit zahlreichen medizinischen Bildern trainiert, bis sie in der Lage sind, bestimmte Merkmale einer Krankheit zu erkennen. Diese Modelle können dann, ähnlich wie ein erfahrener Arzt, auf neue, unbekannte Bilder angewendet werden und so helfen, schnelle und genaue Diagnosen zu stellen.

Aber KI ist kein Allheilmittel und kommt auch mit Herausforderungen, beispielsweise ethischer Natur oder im Hinblick auf den Datenschutz. Dennoch ist ihr Potenzial, einen positiven Einfluss auf soziale und ökologische Fragestellungen zu haben, immens.

Es ist also, als hätte man dieses Team von Fachleuten in einer kompakten, digitalen Form, die rund um die Uhr zur Verfügung steht. So können wir schneller und effektiver auf drängende Herausforderungen reagieren und hoffentlich zu nachhaltigeren und gerechteren Lösungen kommen.

Die Anwendung von KI für Nachhaltigkeitszwecke umfasst eine breite Palette an Möglichkeiten, die sich auf unterschiedliche Industriezweige auswirken können. Im Folgenden sind einige Anwendungsbeispiele nach Industriezweigen aufgeschlüsselt:

Energiesektor:

KI-gesteuerte saubere Energienetze: Die Integration von KI kann dabei helfen, die Energieerzeugung und -verteilung zu optimieren, indem beispielsweise die Netzstabilität verbessert und der Energieverbrauch reduziert wird. Dies kann zu einem effizienteren und nachhaltigeren Energiesystem beitragen, das erneuerbare Energien besser integriert und den Energieverlust minimiert.

Landwirtschaft:

Präzisionslandwirtschaft: Durch den Einsatz von KI können Landwirte den Einsatz von Ressourcen wie Wasser, Dünger und Pflanzenschutzmitteln optimieren. Hierdurch werden die Erträge gesteigert und gleichzeitig die Umweltbelastung minimiert. So können beispielsweise Drohnen und Sensoren zur Überwachung der Pflanzengesundheit und des Bodenzustands eingesetzt werden, und KI-Modelle können Empfehlungen zur Bewässerung und Düngung geben, die auf diesen Daten basieren.

Lieferketten und Logistik:

Nachhaltige Lieferketten: KI kann zur Optimierung der Lieferketten beitragen, indem beispielsweise die Routenplanung verbessert, der Treibstoffverbrauch reduziert und die Auslastung von Transportmitteln optimiert wird. Darüber hinaus können durch die Analyse von Daten auch nachhaltigere Beschaffungspraktiken gefördert werden.

Umweltschutz:

Umweltüberwachung und -einhaltung: KI kann bei der Überwachung von Umweltbedingungen und der Einhaltung von Umweltvorschriften helfen. Beispielsweise können Sensornetzwerke und KI-Modelle zur Früherkennung von Umweltverschmutzung und zur Überwachung von Emissionen eingesetzt werden.

Fertigung:

Entwicklung nachhaltiger Produkte und Prozesse: In der Fertigungs-industrie kann KI zur Entwicklung von Produkten beitragen, die entweder biologisch abbaubar oder recyclingfreundlich sind. Zudem können mate-rial- und energiesparende Fertigungsprozesse durch KI-Unterstützung optimiert werden, was wiederum die Umweltbelastung verringert.

Katastrophenschutz:

Verbesserte Wetter- und Katastrophenvorhersage sowie Katastro-phenschutz: KI kann die Genauigkeit von Wetter- und Katastrophenvor-hersagen verbessern, was eine effektivere Vorbereitung und Reaktion auf Naturkatastrophen ermöglicht. Dies kann Leben retten und die Schäden minimieren, die durch extreme Wetterereignisse verursacht werden.

Diese Anwendungen zeigen das Potenzial von KI zur Förderung der Nachhaltigkeit in verschiedenen Industriezweigen auf. Durch die effiziente Nutzung von Ressourcen, die Verbesserung von Prozessen und die Un-terstützung bei der Einhaltung von Umweltvorschriften können Unterneh-men und Gesellschaften einen bedeutenden Beitrag zum Umweltschutz und zur Erreichung von Nachhaltigkeitszielen leisten.

5.5.1 Exkurs: Nachhaltige KI

Im letzten Kapitel haben wir uns intensiv mit der Rolle der künstlichen Intelligenz (KI) für die Nachhaltigkeit beschäftigt. Es wurde deutlich, dass KI nicht nur eine technologische Innovation ist, sondern auch ein mächtiges Instrument, das uns dabei helfen kann, die Herausforderungen der Nachhaltigkeit zu meistern. In diesem Kontext wollen wir jetzt den Fokus auf das Thema "Nachhaltige KI" legen.

Was bedeutet nachhaltige KI genau? Die Idee dahinter ist, dass die Entwicklung und der Einsatz von KI-Systemen selbst auf eine Weise geschehen sollten, die langfristig tragfähig und ressourcenschonend ist. Das umfasst sowohl ökologische, als auch soziale und ökonomische Aspekte. Einfach gesagt, es geht darum, KI so zu gestalten und zu nutzen, dass sie unserer Umwelt und Gesellschaft mehr nützt als schadet.

Fangen wir mit dem Energieverbrauch an, ein Thema, das ich bereits angesprochen habe. Die riesigen Serverfarmen, in denen KI-Modelle trainiert und ausgeführt werden, sind wahre Energiefresser. Es gibt Berechnungen, nach denen das Trainieren eines einzigen, fortschrittlichen KI-Modells so viel CO_2-Emissionen verursachen kann wie fünf Autos in ihrem gesamten Lebenszyklus. Das ist enorm, und wenn man bedenkt, wie viele KI-Modelle weltweit trainiert werden, summiert sich das zu einer beachtlichen Umweltbelastung.

Jetzt stell dir vor, wir könnten diese Serverfarmen mit erneuerbaren Energien wie Sonnen- oder Windkraft betreiben. Das wäre ein erheblicher Fortschritt in Richtung einer ökologisch nachhaltigeren KI. Einige Unternehmen sind bereits dabei, diesen Weg zu beschreiten. Sie investieren in grüne Energien oder verbessern die Effizienz ihrer Datenzentren.

Ein weiteres Beispiel sind sogenannte "TinyML"-Anwendungen. Das steht für "Tiny Machine Learning" und bezieht sich auf KI-Modelle, die so optimiert sind, dass sie auf kleinen, energieeffizienten Chips laufen können. Diese Technologie könnte beispielsweise in Sensoren verwendet werden, die in landwirtschaftlichen Betrieben die Bodenqualität messen. Da diese Sensoren mit wenig Energie auskommen, könnten sie mit Solarzellen betrieben werden und so die Umwelt weniger belasten.

Auch in der Materialforschung kann nachhaltige KI eine Rolle spielen. Denke zum Beispiel an die Entwicklung von biologisch abbaubaren Kunststoffen oder effizienteren Batterien. KI-Modelle könnten dabei helfen, die Strukturen dieser Materialien zu analysieren und Wege zu finden, sie umweltfreundlicher zu gestalten.

Die ökologische Dimension der nachhaltigen KI ist also vielschichtig und reicht von der Energieeffizienz über die Auswahl der Materialien bis hin zur Minimierung des CO_2-Fußabdrucks. Der Schlüssel liegt darin, bei der Entwicklung und Anwendung von KI stets den ökologischen Aspekt im Blick zu behalten und aktiv Maßnahmen zu ergreifen, die dessen negative Auswirkungen minimieren. So können wir sicherstellen, dass die KI nicht nur eine technologische, sondern auch eine ökologische Kraft für das Gute ist.

Aber nachhaltige KI geht noch weiter. Sie befasst sich auch mit der Frage, wie Algorithmen entwickelt werden, die ethische Grundsätze beachten. Das bedeutet beispielsweise, dass KI-Systeme so programmiert werden sollten, dass sie Diskriminierung vermeiden und Fairness fördern. Stell dir vor, du hast eine KI, die bei der Vergabe von Krediten hilft. Wenn diese KI nicht nachhaltig programmiert ist, könnte sie unbewusst diskriminierende Muster aus den Daten lernen und bestimmte Bevölkerungsgruppen unfair behandeln. Eine nachhaltig entwickelte KI würde hingegen so programmiert, dass sie solche Fallen erkennt und umgeht.

Stellen wir uns zum Beispiel vor, eine Stadt setzt eine KI ein, um zu entscheiden, in welchen Vierteln mehr Polizeipräsenz erforderlich ist. Wenn die KI mit Daten trainiert wurde, die bereits eine Voreingenommenheit gegenüber bestimmten sozialen oder ethnischen Gruppen zeigen, könnte sie diese Voreingenommenheit ungewollt verstärken. Das Resultat wäre eine ungerechte Verteilung der Polizeiressourcen, die bestimmte Gemeinschaften übermäßig ins Visier nimmt. Eine nachhaltige, sozial verantwortliche KI müsste daher so programmiert sein, dass sie solche Voreingenommenheiten erkennen und korrigieren kann.

Die soziale Nachhaltigkeit betrifft auch den Zugang zu den Vorteilen der KI. Wer profitiert von den Errungenschaften der KI und wer bleibt zurück? In einer idealen Welt sollten alle Menschen, unabhängig von ihrem sozialen oder finanziellen Status, die Möglichkeit haben, von den Vorteilen der KI zu profitieren. Das könnte durch Programme geschehen, die den Zugang zu KI-basierten Dienstleistungen erleichtern, oder durch die Entwicklung von KI-Systemen, die speziell darauf ausgerichtet sind, benachteiligte Bevölkerungsgruppen zu unterstützen.

Ein konkretes Beispiel könnte eine KI-gestützte Bildungsplattform sein, die sich an Schülerinnen und Schüler in ländlichen oder finanziell schwächeren Gebieten richtet. Diese Plattform könnte maßgeschneiderte Lernpläne und Ressourcen bieten, die auf die speziellen Bedürfnisse und Herausforderungen dieser Schüler eingehen, um so den Bildungsstandard in diesen Gebieten anzuheben.

Ein weiterer Aspekt ist die ökonomische Nachhaltigkeit. KI-Systeme sollten so gestaltet sein, dass sie nicht nur für große Unternehmen mit viel

Geld zugänglich sind, sondern auch kleineren Firmen oder sogar Einzelpersonen Nutzen bringen können. Dadurch wird ein breiteres Spektrum der Gesellschaft in die Lage versetzt, von den Vorteilen der KI zu profitieren, was wiederum die soziale Nachhaltigkeit fördert.

Ein grundlegender Aspekt ist hier die Frage der Zugänglichkeit. Wer hat Zugang zu KI-Technologien und wer nicht? Große Unternehmen mit beträchtlichen Ressourcen können sich den Einsatz von KI leichter leisten und dadurch ihre Effizienz und Wettbewerbsfähigkeit steigern. Kleinere Unternehmen oder Einzelpersonen könnten dabei ins Hintertreffen geraten, was die wirtschaftliche Ungleichheit erhöhen könnte.

Ein Beispiel zur Veranschaulichung: Stell dir einen kleinen Landwirt vor, der mit großen Agrarkonzernen konkurrieren muss. Diese Konzerne nutzen bereits fortschrittliche KI-Systeme für die Bodenanalyse, Ernteplanung und automatisierte Bewässerung. Unser kleiner Landwirt hat jedoch nicht die finanziellen Mittel für solch teure Technologien. In einem ökonomisch nachhaltigen Modell könnte es spezialisierte, kostengünstigere KI-Lösungen für kleinere Betriebe geben, vielleicht sogar subventioniert durch staatliche Programme. Auf diese Weise könnte der kleine Landwirt mithalten und seine Existenz sichern.

Ein weiterer ökonomischer Aspekt ist die Frage der Arbeitsplätze. KI-Technologie kann viele Arbeiten automatisieren, was sowohl Chancen als auch Risiken birgt. Einerseits kann die Automatisierung dazu führen, dass Arbeitsprozesse effizienter und kostengünstiger werden. Andererseits besteht die Gefahr, dass viele Menschen ihre Arbeitsplätze verlieren, wenn Maschinen die Arbeit übernehmen. Ökonomisch nachhaltige KI sollte daher immer im Kontext der Arbeitsmarktdynamik betrachtet werden. Das könnte beispielsweise bedeuten, dass Unternehmen, die KI-Technologie einsetzen, auch in die Weiterbildung ihrer Mitarbeiter investieren, um sie auf die Veränderungen vorzubereiten.

Es gibt auch den Aspekt der langfristigen Wirtschaftlichkeit. Manchmal kann die Einführung von KI-Technologie teuer sein, aber langfristig

Kosten sparen. Zum Beispiel könnte ein Krankenhaus durch die Einführung einer KI-gestützten Diagnostik die Genauigkeit der Diagnosen erhöhen und so die Kosten für fehlerhafte Behandlungen senken. Hier zeigt sich, dass ökonomische Nachhaltigkeit nicht nur eine Frage des unmittelbaren Gewinns, sondern auch eine Investition in die Zukunft ist.

5.6 Erklärbarkeit und Transparenz der KI:

Es gibt eine wachsende Bewegung, KI-Systeme transparenter und verständlicher zu machen, damit Menschen besser verstehen können, wie Entscheidungen von diesen Systemen getroffen werden.

Stell dir vor, du hast einen sehr klugen Freund, der immer tolle Ratschläge gibt. Das Problem ist, er erklärt nie, wie er zu seinen Schlussfolgerungen kommt. Das wäre so, als würde er dir ein kompliziertes Rezept geben, aber die einzelnen Zutaten und Schritte zum Kochen nicht verraten. Mit der Zeit würdest du vielleicht anfangen, dich zu fragen, wie zuverlässig seine Ratschläge wirklich sind. So ähnlich verhält es sich mit KI-Systemen, die Entscheidungen treffen.

In den letzten Jahren sind KI-Systeme immer komplexer und leistungsfähiger geworden. Sie können erstaunliche Dinge tun, von der Vorhersage von Erdbeben bis zur Erkennung von Krankheiten. Das Problem ist, dass viele dieser Systeme so komplex sind, dass es selbst für Experten schwierig ist zu verstehen, wie sie zu einer bestimmten Entscheidung oder Vorhersage kommen. Sie sind wie eine "Blackbox": Daten gehen hinein, Ergebnisse kommen heraus, aber was dazwischen passiert, bleibt oft unklar.

Hier setzt die Bewegung für mehr Transparenz und Verständlichkeit in der KI an. Die Idee ist, dass, wenn wir besser verstehen können, wie diese Systeme arbeiten und Entscheidungen treffen, wir ihnen auch mehr vertrauen können. Außerdem können wir dann besser einschätzen, wann und wie wir sie einsetzen sollten.

Ein einfaches Beispiel wäre ein KI-System, das Bewerbungen für einen Job durchsieht. Wenn das System eine Vorauswahl trifft, aber niemand versteht, wie es zu seinen Entscheidungen kommt, könnte das zu Problemen führen. Was, wenn das System unbewusst diskriminierend ist oder wichtige Qualifikationen übersieht? Wenn das System jedoch transparent ist, könnte man nachvollziehen, welche Kriterien es anwendet und wie es sie gewichtet. Man könnte dann Anpassungen vornehmen, um sicherzustellen, dass der Auswahlprozess fair und genau ist.

Für diese Transparenz gibt es verschiedene Ansätze. Einige Forscher arbeiten daran, die inneren Abläufe der KI-Modelle besser zu visualisieren. Andere versuchen, zusätzliche Erklärungen zu generieren, die in einfacher Sprache beschreiben, warum eine bestimmte Entscheidung getroffen wurde.Dieses Streben nach mehr Transparenz und Verständlichkeit ist nicht nur für das Vertrauen in die Technologie wichtig, sondern auch für ethische und gesellschaftliche Fragen. Wenn KI-Systeme zunehmend in Bereichen wie Gesundheitswesen, Recht und öffentliche Verwaltung eingesetzt werden, ist es entscheidend, dass sie nicht nur effizient, sondern auch transparent und fair sind.

Insgesamt ist die Bewegung für eine transparentere und verständlichere KI ein wichtiger Schritt in Richtung einer verantwortungsvolleren und bewussteren Nutzung dieser mächtigen Technologie.

Anwendungsbeispiele aus unterschiedlichen Industriebereichen erläutert, um zu verdeutlichen, wie die Erklärbarkeit und Transparenz der KI in diesen Kontexten von Bedeutung sind.

Automobilindustrie

In der Automobilindustrie ist ein Beispiel für den Einsatz von KI der Schweißprozess im Karosseriebau. Hier hatte ein großer Autobauer die Herausforderung, dass nicht genügend Zeit und Möglichkeiten vorhanden waren, um jeden Schweißpunkt zu überprüfen. Eine selbstlernende KI wurde eingesetzt, um die Daten zu analysieren und die Qualität der Schweißpunkte genau zu überprüfen. Die KI ermöglichte eine genauere Überprüfung als zuvor, wo nur rund ein Prozent der Produktionsschritte nach dem Zufallsprinzip überprüft wurden.

Medizin

Ein Bereich, in dem die Erklärbarkeit der KI besonders kritisch ist, ist die bildbasierte medizinische Diagnostik oder industrielle Qualitätskontrolle. In diesen Bereichen ist es unerlässlich, dass die Entscheidungen von KI-Systemen von Menschen nachvollzogen werden können, um Fehler zu vermeiden. Diese Bereiche sind nicht nur rechen- und datenintensiv, sondern auch sensibel und sicherheitskritisch

Verkehrskontrolle

Die Transparenz und Erklärbarkeit von KI sind auch in anderen Branchen von entscheidender Bedeutung. Beispielsweise wird die Erklärbarkeit von Detektions- und Klassifikationsentscheidungen in der Verkehrskontrolle und -überwachung benötigt, um die Klassifikation von Fahrzeugen oder Schiffen zu ermöglichen und gleichzeitig die Nachvollziehbarkeit der KI-Entscheidungen zu gewährleisten.

Energiebranche

Auch in der Energiebranche können KI-Verfahren präzise Vorhersagen treffen, wann in einem Stromnetz Verluste auftreten werden. Diese Information ist für Netzbetreiber wertvoll, um effizient und kostengünstig Strom zu beschaffen und in das Netz einzuspeisen. In beiden Fällen stellt die Nachvollziehbarkeit der KI-Entscheidungen einen signifikanten Mehrwert da.

5.7 Erweiterte Realität und KI:

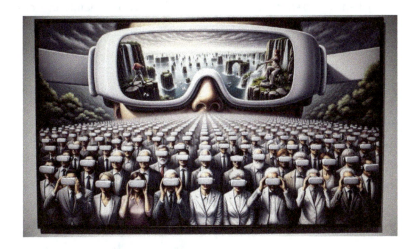

Die Integration von KI in erweiterte Realitätstechnologien ermöglicht immersive Erfahrungen, die in vielen Bereichen, von der Bildung bis zur Unterhaltung, genutzt werden können.

Stell dir vor, du trägst eine Brille, und durch diese Brille siehst du nicht nur die reale Welt um dich herum, sondern auch zusätzliche Informationen oder sogar virtuelle Objekte, die in deiner Umgebung platziert sind. Zum Beispiel stehst du vor einem historischen Gebäude, und die Brille zeigt dir Texte, Bilder oder sogar kleine Filme, die dir mehr über dieses Gebäude erzählen. Das ist die Grundidee der erweiterten Realität, auch bekannt als "Augmented Reality".

Nun, was passiert, wenn wir künstliche Intelligenz (KI) in dieses Szenario integrieren? KI kann diese erweiterten Realitätserlebnisse viel smarter und interaktiver machen. Die Brille könnte zum Beispiel erkennen, dass du besonders interessiert an Architektur bist und dir spezielle Informationen dazu anzeigen. Oder sie könnte merken, dass du Schwierigkeiten hast, den erklärenden Text zu verstehen, und dir eine einfachere Erklärung bieten.

Dank KI können erweiterte Realitätstechnologien also weit über das hinausgehen, was bisher möglich war. Sie können sich an den Nutzer anpassen, ihm helfen, Probleme zu lösen, oder ganz neue Formen der Interaktion ermöglichen.

Nehmen wir zum Beispiel den Bereich der Bildung. Mit KI-verbesserter erweiterter Realität könnten Schülerinnen und Schüler historische Ereignisse oder wissenschaftliche Phänomene nicht nur lesen oder in einem Video sehen, sondern quasi "erleben". Sie könnten durch eine virtuelle Rekonstruktion des antiken Roms laufen und dabei Fragen an ein KI-System stellen, das in Echtzeit antwortet. Oder sie könnten ein virtuelles Labor aufbauen, in dem sie Experimente durchführen, die in der realen Welt zu gefährlich oder zu teuer wären.

In der Unterhaltungsindustrie sind die Möglichkeiten ebenfalls enorm. Stell dir vor, du spielst ein Videospiel, bei dem die Charaktere nicht nur vorprogrammierte Dialogzeilen haben, sondern dank KI auf deine Aktionen und Entscheidungen in einer komplexen, menschenähnlichen Weise reagieren können. Das würde das Spielerlebnis deutlich immersiver und spannender machen.

Und dies sind nur ein paar Beispiele. KI und erweiterte Realität könnten auch in der Medizin, im Tourismus, in der Kunst und in vielen anderen Bereichen eingesetzt werden, um die Erfahrungen der Menschen zu bereichern und zu personalisieren.

Verbesserte Navigation und Informationssysteme:

Stelle dir vor, du läufst durch eine unbekannte Stadt und eine AR-Brille zeigt dir in Echtzeit Wegbeschreibungen an. Mit Hilfe von KI können diese Systeme lernen und sich anpassen, um dir die besten Routen basierend auf deinen Vorlieben und bisherigen Erfahrungen anzubieten. Wenn du beispielsweise gerne ruhige Straßen bevorzugst, kann das System dies berücksichtigen und dir entsprechende Routenvorschläge machen.

Stelle dir vor, du bist in einer unbekannten Stadt und trägst eine AR-Brille. Während du durch die Straßen schlenderst, blendet die Brille Wegbeschreibungen direkt in dein Sichtfeld ein. Du brauchst nicht einmal auf dein Handy zu schauen; die Informationen sind quasi "in der Luft" vor dir. Jetzt kommt die KI ins Spiel. Sie analysiert deine Vorlieben und Gewohnheiten. Zum Beispiel, wenn du oft durch ruhige Straßen gehst, merkt sich das System das und zeigt dir beim nächsten Mal automatisch eine Route durch weniger belebte Gebiete an. Du fühlst dich so, als ob die Stadt mit dir "spricht" und dir den Weg weist, der am besten zu dir passt.

Instandhaltung und Reparatur:

In industriellen Umgebungen können ER und KI genutzt werden, um Wartungspersonal bei der Identifizierung und Behebung von Problemen zu unterstützen. Über eine AR-Brille können Techniker digitale Anleitungen und Informationen direkt im Blickfeld erhalten. KI-Algorithmen können dabei helfen, das Problem zu diagnostizieren und mögliche Lösungen vorzuschlagen.

Stell dir einen Techniker in einer großen Industrieanlage vor. Er bekommt den Auftrag, eine defekte Maschine zu reparieren. Mit seiner AR-Brille kann er nun eine Schritt-für-Schritt-Anleitung direkt vor seinen Augen sehen. Er muss nicht mehr zwischen Papierplänen oder einem Tablet hin und her wechseln. KI-Algorithmen werten kontinuierlich die Zustandsdaten der Maschine aus und geben dem Techniker spezifische Hinweise, welche Teile er prüfen oder austauschen sollte. Es ist, als hätte er einen unsichtbaren, aber hochintelligenten Assistenten an seiner Seite, der ihm bei der Fehlerbehebung hilft.

Bildung und Training:

Im Bildungsbereich können KI und ER dazu beitragen, individuell angepasste Lernprogramme zu erstellen. Betrachte ein virtuelles Klassenzimmer, in dem du sitzt. Durch deine AR-Brille siehst du komplexe wissenschaftliche Konzepte als dreidimensionale Modelle vor dir. Die KI im

Hintergrund passt die Lerninhalte an deine Leistung an. Schwierige Themen werden dir auf einfache Weise erklärt, bis du sie verstehst, während Bereiche, die du schon gut kennst, schneller abgehandelt werden. So wird der Lernstoff ganz individuell an dein eigenes Tempo angepasst.gepasst werden, um dir ein optimales Lernerlebnis zu bieten.

Gesundheitswesen:

Die Kombination aus KI und ER kann auch im Gesundheitswesen von großem Nutzen sein. Nehmen wir das Beispiel eines Chirurgen, der eine komplizierte Herzoperation durchführen soll. Während der Operation trägt er eine AR-Brille, die ihm in Echtzeit medizinische Daten und dreidimensionale Scans direkt ins Blickfeld einblendet. Eine KI analysiert parallel alle verfügbaren Daten und kann zum Beispiel warnen, wenn bestimmte Werte in einen kritischen Bereich rutschen. Die Brille könnte dem Chirurgen sogar empfehlen, welche Nahttechnik am besten geeignet wäre, basierend auf tausenden ähnlichen Fällen, die die KI analysiert hat.

Einzelhandel:

Im Einzelhandel kann die ER dabei helfen, Kunden ein interaktives Einkaufserlebnis zu bieten. Mit Hilfe von KI können personalisierte Empfehlungen gemacht werden. Stelle dir vor, du stehst im Elektronikmarkt vor einem Regal mit Fernsehern. Deine AR-Brille erkennt, welches Modell du anschaust, und zeigt dir sofort alle wichtigen Informationen an, von technischen Daten bis hin zu aktuellen Sonderangeboten und Kundenbewertungen. KI-Algorithmen analysieren dein bisheriges Kaufverhalten und empfehlen dir sogar Modelle, die gut zu deinen Bedürfnissen passen könnten.

Museen und Ausstellungen:

Museen könnten AR- und KI-Technologie nutzen, um Besuchern eine interaktive und informative Erfahrung zu bieten. Stell dir vor, du stehst in einem Kunstmuseum vor einem Gemälde. Deine AR-Brille erkennt das Kunstwerk und zeigt dir Informationen über den Künstler, die Epoche, in der es entstanden ist, und sogar Interpretationen des Werks an. Die KI im Hintergrund merkt sich, welche Arten von Kunst oder historischen Perioden du bevorzugst und passt die Informationen entsprechend an. Beim nächsten Besuch könnte die Brille dir dann automatisch Werke vorschlagen, die deinen Interessen entsprechen.

Kurz gesagt, die Kombination von KI und erweiterter Realität hat das Potenzial, unsere Interaktion mit der Welt um uns herum auf aufregende neue Weisen zu verändern. Sie kann uns dabei helfen, besser zu lernen, effektiver zu arbeiten und uns auf innovative Weise zu unterhalten. Es ist ein Bereich, der gerade erst am Anfang steht, aber das Potenzial für revolutionäre Veränderungen hat.

5.8 Robotik und autonome Systeme:

Die Weiterentwicklung in der Robotik wird durch KI-Technologien angetrieben, die autonome Systeme ermöglichen, die in einer Vielzahl von Umgebungen effektiv arbeiten können.

Stell dir vor, du hast einen kleinen Roboter, der dir im Haushalt hilft. Er kann saugen, abwaschen und sogar die Pflanzen gießen, wenn du nicht da bist. Erkennt er einen Fleck auf dem Boden, weiß er, dass er diesen intensiver reinigen muss. All das kann er, weil er mit künstlicher Intelligenz, kurz KI, ausgestattet ist, die ihm ermöglicht, seine Umgebung zu verstehen und Entscheidungen zu treffen.

Die Robotik hat in den letzten Jahren enorme Fortschritte gemacht, und ein großer Teil dieser Entwicklung wird durch KI-Technologien angetrieben. Frühere Robotermodelle konnten oft nur eine sehr begrenzte Anzahl von Aufgaben ausführen und waren stark auf eine spezielle Umgebung oder spezielle Bedingungen ausgerichtet. Sie konnten sich nicht an neue oder unerwartete Situationen anpassen.

Mit der Integration von KI ändert sich das grundlegend. Durch künstliche Intelligenz ausgestattete Roboter sind in der Lage, eine Vielzahl von Aufgaben in unterschiedlichen Umgebungen zu erledigen. Sie können "lernen" und sich "anpassen". Zum Beispiel könnten sie in einem Lagerhaus nicht nur Pakete von A nach B transportieren, sondern auch erkennen, wenn ein Objekt im Weg liegt, und dann entscheiden, ob sie es umfahren oder verschieben sollen.

Nehmen wir ein weiteres Beispiel: die Landwirtschaft. KI-gesteuerte Roboter könnten nicht nur das Feld pflügen, sondern auch den Zustand der Pflanzen analysieren und entscheiden, welche mehr Wasser oder Dünger benötigen. Sie könnten sogar Schädlinge erkennen und gezielt bekämpfen, ohne dass Pestizide auf das ganze Feld gesprüht werden müssen.

Oder denk an Rettungsmissionen in gefährlichen Gebieten, etwa nach einem Erdbeben oder bei einem Waldbrand. KI-Roboter könnten in Gebiete vordringen, die für Menschen zu gefährlich sind, um nach Überlebenden zu suchen oder die Lage zu beurteilen. Da sie in der Lage sind, ihre Umgebung zu "verstehen", könnten sie Hindernisse umgehen, sich einen Weg durch Trümmer bahnen oder sogar eigenständig Entscheidungen treffen, die die Effizienz der gesamten Rettungsaktion erhöhen.

Die KI ermöglicht es Robotern also, viel autonomer und flexibler zu agieren. Sie können "verstehen", "lernen" und "entscheiden", was sie in einer Vielzahl von Umgebungen und für eine breite Palette von Aufgaben extrem nützlich macht.

Selbstfahrende Autos:

Eine der bekanntesten Anwendungen von Robotik und KI sind selbstfahrende Autos. Diese autonomen Fahrzeuge nutzen KI-Algorithmen, um ihre Umgebung zu verstehen und Entscheidungen in Echtzeit zu treffen. Beispielsweise kann ein selbstfahrendes Auto mithilfe von Sensoren und Kameras die Straße und andere Verkehrsteilnehmer erkennen, Verkehrsregeln befolgen und sogar auf unerwartete Situationen wie einen plötzlich auftauchenden Fußgänger reagieren.

Mensch-Roboter-Interaktion für Servicerobotik-Systeme:

Bei Servicerobotern, die im täglichen Leben eingesetzt werden, ist die Interaktion zwischen Mensch und Roboter zentral. Ein Beispiel ist ein Konzept zur multimodalen Mensch-Maschine-Kommunikation, das in einem Beitrag besprochen wird. In solchen Systemen können Roboter auf verbale Befehle, Gesten oder sogar auf die Emotionen der Nutzer reagieren, um geeignete Dienste anzubieten.

Stell dir vor, du kommst nach einem langen Tag nach Hause und dein Heimroboter begrüßt dich. Er hat nicht nur deine Stimme gehört, sondern auch dein Gesicht erkannt und sogar deine müde Körpersprache wahrgenommen. Anhand dieser Informationen entscheidet der Roboter, dir einen entspannenden Tee zuzubereiten. Hierbei greift Künstliche Intelligenz auf verschiedene Sensoren zurück: Mikrofone für die Spracherkennung, Kameras für die Gesichtserkennung und vielleicht sogar Sensoren, die deine Herzfrequenz oder Körpertemperatur messen können. All diese Daten fließen zusammen, und die KI des Roboters trifft eine Entscheidung, die genau auf deine Bedürfnisse zugeschnitten ist.

Industrieroboter:

In der Fertigung sind Roboter nicht mehr wegzudenken. Sie übernehmen Aufgaben wie das Schweißen, Montieren oder Lackieren von Teilen. Durch die Integration von KI können diese Roboter nun lernen und sich an neue Aufgaben anpassen. Beispielsweise könnte ein Roboter, der mit KI ausgestattet ist, durch Beobachtung und Wiederholung lernen, ein neues Bauteil zu montieren, ohne dass er neu programmiert werden muss.

Autonome Lieferdrohnen und -roboter:

Die Auslieferung von Waren durch autonome Drohnen oder Roboter ist ein weiteres spannendes Feld. Unternehmen wie Amazon erforschen die Möglichkeit, Pakete mit autonomen Drohnen auszuliefern. Diese Drohnen nutzen KI, um Flugrouten zu planen, Hindernisse zu erkennen und zu umfliegen, und sicher am Zielort zu landen.

Gesundheitswesen:

Im Gesundheitswesen können Roboter und KI auch eine wichtige Rolle spielen. Autonome Roboter können beispielsweise Medikamente oder Mahlzeiten an Patienten liefern, während KI-Systeme Ärzten helfen können, Diagnosen zu stellen oder Behandlungspläne zu entwickeln. Ein Beispiel hierfür ist ein Roboter, der autonom durch ein Krankenhaus navigieren kann, um Medikamente auszuliefern, während ein KI-System die besten Routen plant und dabei Staus oder andere Hindernisse berücksichtigt.

Landwirtschaft:

Autonome Systeme und KI können auch in der Landwirtschaft eingesetzt werden, um die Effizienz zu steigern und Ressourcen zu schonen. Zum Beispiel gibt es autonome Traktoren, die Felder präzise bearbeiten können, während KI-gestützte Systeme die Gesundheit der Pflanzen überwachen und Empfehlungen für Bewässerung oder Düngung geben können.

5.8.1 Exkurs: Multimodale Systeme

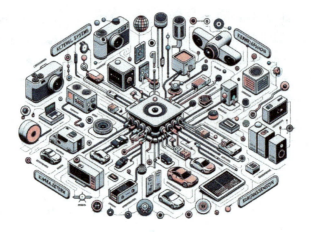

Multimodale Robotersysteme sind Roboter, die mehrere Sinne oder Fähigkeiten besitzen, um ihre Umgebung wahrzunehmen und in ihr zu agieren. Man könnte sich einen solchen Roboter wie einen modernen Tausendsassa vorstellen. Stell dir vor, du hast einen Roboter, der nicht nur sehen, sondern auch hören, tasten und vielleicht sogar riechen kann. Dieser Roboter könnte dann all diese Informationen gleichzeitig nutzen, um besser zu verstehen, was in seiner Umgebung vor sich geht. Das ist ein bisschen so, als würdest du in einem dichten Wald wandern und sowohl deine Augen nutzen, um den Weg zu finden, als auch deine Ohren, um auf Geräusche zu achten, und deine Nase, um den Duft der Pflanzen zu schnuppern. All diese Informationen zusammen helfen dir, ein umfassendes Bild deiner Umgebung zu bekommen.

Ein einfaches Beispiel für ein multimodales Robotersystem könnte ein Roboter sein, der sowohl Kameras als auch Mikrofone und Temperatursensoren hat. Mit der Kamera könnte der Roboter Objekte oder Menschen identifizieren, mit dem Mikrofon könnte er Sprachbefehle verstehen oder ungewöhnliche Geräusche erkennen, und mit dem Temperatursensor könnte er beispielsweise feststellen, ob ein Feuer ausgebrochen ist.

Jetzt fragst du dich vielleicht, was Künstliche Intelligenz (KI) damit zu tun hat. KI ist im Grunde das Gehirn hinter dem Roboter, das all diese verschiedenen Arten von Informationen verarbeitet und interpretiert. Ohne KI wäre der Roboter wie ein Musiker, der viele Instrumente besitzt, aber nicht weiß, wie man sie spielt. Die KI kann komplexe Algorithmen nutzen, um die Daten von den verschiedenen Sensoren zu analysieren und dem Roboter zu helfen, sinnvolle Entscheidungen zu treffen. Zum Beispiel könnte die KI dem Roboter sagen: "Ich sehe mit der Kamera eine Person, höre mit dem Mikrofon ihre Stimme und stelle mit dem Temperatursensor fest, dass es draußen kalt ist. Vielleicht sollte ich dieser Person einen heißen Tee anbieten."

Natürlich ist es immer hilfreich, das alles nicht nur theoretisch zu beleuchten, sondern auch konkrete Beispiele anzuführen. Beispiele machen komplexe Themen oft greifbarer und erleichtern das Verständnis. Deshalb möchten wir dir jetzt ein paar anschauliche und ausführliche Beispiele für multimodale Robotersysteme und ihre Verbindung zur Künstlichen Intelligenz geben. So kannst du besser nachvollziehen, wie diese Technologien im echten Leben eingesetzt werden und welchen Nutzen sie haben könnten.

Multimodale Aufmerksamkeitssteuerung für mobile Roboter:

In einer Arbeit wird ein System zur Steuerung der Aufmerksamkeit eines mobilen Roboters beschrieben, das multimodal arbeitet. Das bedeutet, der Roboter kann verschiedene Arten von Sensoren nutzen, um seine Umgebung wahrzunehmen und darauf zu reagieren.

Ein mobiles Robotersystem, vielleicht so etwas wie ein autonomer Staubsauger, könnte mit unterschiedlichen Sensoren ausgestattet sein: Kameras, Infrarotsensoren, Mikrofone. Wenn beispielsweise der Roboter ein Geräusch hört, könnte er seine Kamera in diese Richtung schwenken und prüfen, ob dort eine Reinigung notwendig ist. Vielleicht hat jemand ein Glas umgestoßen, und es liegen Scherben auf dem Boden. Die KI würde

63

dann entscheiden, den Bereich zu meiden und dir eine Benachrichtigung zu schicken.

Mobile Robotersysteme:

Ein mobiles Robotersystem besteht aus einem autonom agierenden fahrerlosen Transportsystem mit einem aufgesetzten Roboter. Diese Systeme können Lösungen für Intralogistik, stationäre und mobile Robotik sowie Mensch-Roboter-Kollaboration bieten.

Solche Systeme könnten in großen Lagerhäusern eingesetzt werden. Sie sind nicht nur in der Lage, Waren von A nach B zu transportieren, sondern könnten auch eigenständig Inventuren durchführen oder defekte Produkte erkennen. Dabei könnten sie mit optischen Sensoren arbeiten, um den Barcode von Produkten zu lesen, und mit Greifarmen, um die Waren zu bewegen. Die KI wäre das Herzstück, das alle Aktionen koordiniert und sogar mit Menschen zusammenarbeitet, indem es ihre Anweisungen versteht und darauf reagiert.

Kollaborierende Roboter (Cobots):

Cobots sind Roboterarme, die in Produktionsumgebungen eingesetzt werden und mit Menschen zusammenarbeiten, um verschiedene Produktionsaufgaben zu erledigen. Sie können verschiedene Sensoren und Aktuatoren nutzen, um sich an die Anforderungen der jeweiligen Aufgabe anzupassen.

In einer Autowerkstatt könnten Menschen und Cobots Hand in Hand arbeiten. Während der Mensch sich auf komplexere Aufgaben konzentriert, könnte der Cobot beispielsweise Schrauben festziehen. Durch Sensoren im Arm könnte der Cobot "spüren", wenn der Mensch in der Nähe ist, und seine Bewegungen so anpassen, dass er ihn nicht gefährdet. Die KI würde dabei ständig die Sensordaten auswerten und sicherstellen, dass der Cobot effizient, aber auch sicher arbeitet.

Robotik in der Fertigung und Lagerautomatisierung:

Hier werden Roboter eingesetzt, um Aufgaben wie das Wählen und Platzieren von Objekten zu automatisieren. Diese Roboter können verschiedene Sensoren nutzen, um die Objekte zu erkennen, und Aktuatoren, um sie zu manipulieren.

In einem Versandlager könnten Roboter dafür zuständig sein, Pakete auf ein Förderband zu legen. Sie könnten mit Kameras ausgestattet sein, die die Form und Größe des Pakets erkennen, und mit mechanischen Armen, die das Paket greifen und an den richtigen Ort bewegen. Die KI würde hierbei sicherstellen, dass der Roboter das richtige Paket wählt und es so auf das Band legt, dass möglichst viel Platz gespart wird.

Diese Beispiele zeigen, wie vielfältig multimodale Robotersysteme sein können und wie sie in unterschiedlichen Umgebungen und für verschiedene Aufgaben eingesetzt werden können. In allen Fällen ist die Künstliche Intelligenz das verbindende Element, das die verschiedenen Sensoren und Aktuatoren sinnvoll nutzt, um effizient und sicher zu arbeiten.

Aber wie immer gibt es auch Herausforderungen, etwa ethische Fragen oder Sicherheitsbedenken, die mit dem Einsatz von autonomen Robotern verbunden sind. Deshalb ist es wichtig, dass die Weiterentwicklung in diesem Bereich verantwortungsvoll und mit Bedacht erfolgt.

5.9 Datenschutz und KI:

Datenschutztechnologien wie Differential Privacy und Federated Learning gewinnen an Bedeutung, um die Privatsphäre der Benutzer zu schützen, während gleichzeitig wertvolle Erkenntnisse aus den Daten gewonnen werden.

Stell dir vor, du gehst zu einer Party, und am nächsten Tag erzählt der Gastgeber allen, was für Musik du magst, welche Themen du beim Smalltalk angeschnitten hast und so weiter. Du würdest dich wahrscheinlich unwohl fühlen, weil deine Privatsphäre nicht respektiert wurde. Ähnlich ist es mit unseren Daten, die wir ständig im Internet oder durch andere Technologien preisgeben. Wir möchten, dass sie sicher sind und nicht für Dinge verwendet werden, die wir nicht gutheißen.

Hier kommen Datenschutztechnologien wie "Differential Privacy" und "Federated Learning" ins Spiel. Sie versuchen, einen Mittelweg zwischen der Nutzung von Daten für Forschung und Entwicklung und dem Schutz der Privatsphäre der Menschen zu finden.

Beginnen wir mit "Differential Privacy". Diese Technologie sorgt dafür, dass, wenn Daten für Analysen genutzt werden, sie in einer Weise verändert oder "verschleiert" werden, die die Identifikation einzelner Personen erschwert oder unmöglich macht. Zum Beispiel könnte ein Gesundheits-forschungsinstitut deinen Blutdruck kennen, aber nicht wissen, dass du es bist, der diesen speziellen Blutdruck hat. Sie können also wichtige For-schung betreiben, ohne deine persönlichen Informationen preiszugeben.

Jetzt zu "Federated Learning". Diese Methode ist besonders clever. Stell dir vor, du nutzt eine App auf deinem Handy, die deine Laufrouten trackt, um dir Vorschläge für neue Routen zu geben. Anstatt alle Daten an einen zentralen Server zu senden, wo sie analysiert und dann an alle Nutzer zurückgeschickt werden, geschieht die Analyse direkt auf deinem Handy. Nur das Ergebnis, also die Erkenntnisse, die aus allen Daten gezogen werden, wird dann zentral gesammelt. So bleiben deine individuellen Da-ten auf deinem Gerät und deine Privatsphäre wird besser geschützt.

Medizinische Diagnostik und Prognostik

Stell dir ein Krankenhaus vor, in dem zahlreiche MRT-Scans von ver-schiedenen Patienten gemacht werden, um Tumore zu identifizieren. Je-des Krankenhaus hat seine eigene Sammlung von Bildern, die wiederum von den individuellen Fällen der Patienten beeinflusst sind. Es wäre groß-artig, wenn diese Bilder dazu verwendet werden könnten, ein allgemeines KI-Modell zu trainieren, das Tumore besser erkennt. Aber diese Bilder können aus Datenschutzgründen nicht einfach so an eine zentrale Stelle gesendet werden. Hier kommt Federated Learning ins Spiel. Anstatt die Bilder zu versenden, bleibt das Trainieren des Modells im jeweiligen Kran-kenhaus. Nur die allgemeinen Erkenntnisse - also wie gut das Modell in der Tumorerkennung ist - werden zurück an eine zentrale Stelle gesendet und dort kombiniert. So bleibt die Privatsphäre der Patienten geschützt.

Personalisierte Werbung

Nimm ein Online-Kaufhaus als Beispiel. Wenn das Kaufhaus verstehen möchte, welche Produkte für welche Kunden interessant sind, dann könn-ten sie ein KI-Modell trainieren, das auf dem Surf- und Kaufverhalten der Nutzer basiert. Mit Federated Learning können sie dieses Modell direkt auf dem Computer oder Smartphone des Nutzers trainieren. Die spezifischen Daten des Nutzers verlassen nie sein Gerät, nur die "Lernfortschritte" des Modells werden an das Kaufhaus zurückgesendet. Somit kann personalisierte Werbung angeboten werden, ohne die Datenschutzgrenzen zu überschreiten.

Spracherkennungs- und Assistenzsysteme

Stell dir vor, du hast einen smarten Lautsprecher zu Hause. Du fragst ihn nach dem Wetter, bittest ihn, Musik zu spielen, und vielleicht sogar, dir beim Kochen zu helfen. Dein Lautsprecher lernt nach und nach deine Vorlieben und deine Art zu sprechen. Federated Learning ermöglicht es, dass all diese persönlichen Anpassungen direkt auf dem Gerät stattfinden. Deine spezifischen Daten müssen nicht in eine Cloud hochgeladen werden, was die Privatsphäre erhöht.

Gesichtserkennung und Überwachung

Ein Einkaufszentrum möchte die Sicherheit erhöhen und setzt Gesichtserkennung ein. Die Frage ist, wie man dies machen kann, ohne in die Privatsphäre der Menschen einzugreifen. Durch Federated Learning könnten die verschiedenen Kameras ihre Modelle lokal trainieren, sodass persönliche Daten nicht zentral gespeichert werden müssen. Nur die Erkenntnisse über auffällige Aktivitäten könnten dann an eine zentrale Stelle zur Auswertung gesendet werden.

In allen diesen Beispielen kann **Differential Privacy** eine zusätzliche Sicherheitsschicht hinzufügen. Stell dir vor, du bist ein Maler, und dein Gemälde ist fast fertig. Aber bevor du es der Welt zeigst, fügst du bewusst ein paar kleine Farbspritzer hinzu. Diese Farbspritzer ändern das Gesamtbild nicht drastisch, machen es aber einzigartig und nicht direkt zuordenbar. So funktioniert Differential Privacy. Durch das Hinzufügen eines "Rauschens" zu den Daten wird sichergestellt, dass die Informationen anonym bleiben. Zum Beispiel könnte im Krankenhaus bei den MRT-Bildern ein wenig "Rauschen" hinzugefügt werden, bevor sie für

Trainingszwecke genutzt werden, sodass niemand herausfinden kann, zu welchem Patienten das Bild gehört.

Der große Vorteil beider Technologien ist, dass sie es ermöglichen, wertvolle Erkenntnisse aus großen Datenmengen zu gewinnen, ohne dabei die Privatsphäre der Einzelnen zu gefährden. Sie sind sozusagen die "Datenschutzbeauftragten" in der Welt der künstlichen Intelligenz und der großen Datenmengen.

Beide Methoden sind noch Gegenstand intensiver Forschung und Entwicklung, aber sie gewinnen immer mehr an Bedeutung. Unternehmen und Organisationen beginnen zu erkennen, dass der Schutz der Privatsphäre nicht nur ethisch richtig, sondern auch ein wichtiges Verkaufsargument ist. Denn wenn die Leute wissen, dass ihre Daten sicher sind, haben sie mehr Vertrauen in die Technologie und sind eher bereit, sie zu nutzen.

5.10 Quantum Computing und KI:

Die Verbindung von Quantum Computing und KI hat das Potenzial, die Rechenleistung zu erhöhen und komplexe Probleme zu lösen, die mit herkömmlichen Computern nicht möglich sind.

Lass uns zunächst den Begriff "Quantencomputing" etwas genauer betrachten. Ein Quantencomputer ist ein ganz besonderer Typ von Computer, der nicht mit den herkömmlichen "Bits" arbeitet, die nur die Werte 0 oder 1 annehmen können. Stattdessen benutzt er "Qubits", die eine Kombination dieser Werte in verschiedenen Zuständen gleichzeitig darstellen können. Das ist so, als würdest du nicht nur Schwarz-Weiß-Fernsehen gucken, sondern plötzlich eine ganze Palette an Farben haben. Das eröffnet ganz neue Möglichkeiten und macht Quantencomputer extrem leistungsfähig bei bestimmten Aufgaben.

Jetzt zu KI, der künstlichen Intelligenz. KI-Systeme sind Computerprogramme, die Aufgaben erledigen können, die normalerweise menschliche Intelligenz erfordern, wie das Erkennen von Sprache, das Treffen von Entscheidungen oder das Analysieren von großen Datenmengen.

Nun, was passiert, wenn wir diese beiden Technologien kombinieren?

Die Antwort ist einfach: Es könnte eine Revolution in der Datenverarbeitung und -analyse auslösen.

Stell dir vor, du hast ein sehr, sehr großes Puzzle, so groß, dass es ein ganzes Fußballfeld füllen könnte. Ein herkömmlicher Computer würde wahrscheinlich Jahre brauchen, um dieses Puzzle zu lösen. Ein KI-System könnte es vielleicht schneller machen, aber es wäre immer noch begrenzt durch die Leistungsfähigkeit des Computers, auf dem es läuft. Ein Quantencomputer könnte jedoch die Anzahl der möglichen Kombinationen extrem schnell durchgehen und damit das Puzzle in einer Zeit lösen, die mit herkömmlichen Methoden undenkbar wäre.

Hier sind einige Vorteile und Anwendungsszenarien, um das Potenzial dieser Kombination hervorzuheben:

1. Beschleunigte Datenverarbeitung: Quantencomputer können Aufgaben erheblich schneller lösen als traditionelle Computer. Sie haben die Fähigkeit, komplexe Probleme zu lösen, die für herkömmliche Computer unerreichbar sind. Diese Beschleunigung ist von entscheidender Bedeutung für die Weiterentwicklung der KI, insbesondere in Kombination mit anderen Technologien wie der Nanotechnologie. Spezialprogramme, die bisher isoliert laufen mussten, wie Bilderkennung, Spracherkennung und Prozessplanung, können mit Quantum Computing in einem Programm vereint werden.

2. Unbeaufsichtigtes Maschinelles Lernen: Das Verfahren des "unbeaufsichtigten maschinellen Lernens" (unsupervised machine learning) wird durch Quantencomputing erweitert. In diesem Verfahren erkennen und interpretieren Algorithmen der neuronalen Netze Rohdaten ohne jegliches Training. Sie sollen selbst Zusammenhänge erkennen, aus Erfahrung lernen und ihre Fehler selbst korrigieren können, ähnlich wie wir Menschen. Die Möglichkeiten und die Komplexität, die sich durch

Quantencomputing ergeben, sind noch nicht vollständig abschätzbar, aber sie eröffnen spannende neue Wege für die KI.

3. Verarbeitung Großer Datenmengen: Die Kombination von KI und Quantencomputing ermöglicht es, große Datenfelder in einem einzigen Schritt zu verarbeiten, Muster in den Daten zu entdecken, die klassische Computer nicht entdecken können, und mit unvollständigen oder unsicheren Daten zu arbeiten. Bei der Entwicklung von KI-Modellen für spezifische Anwendungen wie die Medikamentenentwicklung oder das Klimamodellieren könnten Quantencomputer komplexe Simulationen durchführen, die für traditionelle Computer unerreichbar sind. Diese Fähigkeit könnte entscheidend sein, um realistischere Modelle zu erstellen und bessere Vorhersagen zu treffen.

4. Erweiterte Mustererkennung: Quantencomputer haben die Fähigkeit, in Superposition zu arbeiten, was es ermöglichen könnte, multiple Datenpfade gleichzeitig zu analysieren. Diese Eigenschaft könnte zu einer präziseren und tiefgreifenden Mustererkennung führen, die für viele KI-Anwendungen wie Bild- und Spracherkennung vorteilhaft wäre.

5. Möglichkeit neuer Algorithmen: Durch die Unterstützung der Forschung und Entwicklung könnten Quantencomputer helfen, neuartige KI-Algorithmen und -Architekturen zu entwickeln, die bisher undenkbar waren. Dies könnte eine neue Welle von Innovationen in der KI-Technologie fördern und das Feld voranbringen

6. Exponentielle Speicherkapazität: Quantencomputer nutzen die exponentielle Natur von Quantensystemen. Im Gegensatz zu klassischen Systemen, bei denen die Speicherkapazität in den individuellen Dateneinheiten liegt, liegt der überwiegende Teil der Speicherkapazität eines Quantensystems in den kollektiven Eigenschaften der Qubits (die grundlegenden Einheiten des Quantencomputings

Natürlich sind wir noch weit davon entfernt, all diese Möglichkeiten voll auszuschöpfen. Sowohl Quantencomputer als auch KI-Systeme sind extrem komplexe Technologien, die noch in den Kinderschuhen stecken. Es gibt technische Herausforderungen, ethische Bedenken und natürlich auch die Frage der Kosten. Aber die ersten Schritte sind gemacht, und die Forschung auf diesem Gebiet schreitet rasant voran.

6 Blick in die Zukunft

Wenn wir 30 Jahre in die Zukunft blicken, können wir eine sehr fortgeschrittene Form der KI erwarten. Die KI könnte in dieser Zeit nicht nur spezialisierte, sondern auch sehr komplexe und kreative Aufgaben übernehmen. Um dies besser zu veranschaulichen, möchte ich ein Beispiel bringen: Die KI-Ärzte der Zukunft.

Stell dir vor, du fühlst dich nicht gut und entscheidest dich, zum Arzt zu gehen. Du betrittst die Arztpraxis und statt eines menschlichen Arztes setzt du dich vor einen Computerbildschirm. Dieser KI-Arzt fragt dich nach deinen Symptomen, und innerhalb weniger Sekunden führt er Millionen von Berechnungen durch. Er greift auf das gesamte medizinische Wissen der Menschheit zu, vergleicht deine Symptome mit ähnlichen Fällen, zieht die neuesten wissenschaftlichen Erkenntnisse hinzu und gibt dir schließlich eine Diagnose.

Was hier besonders interessant ist: Diese KI könnte sogar in der Lage sein, neue Behandlungsmethoden zu entwickeln, indem sie auf Informationen aus der medizinischen Forschung, aus klinischen Studien und sogar aus anderen Fachgebieten zugreift. Vielleicht stellt sie fest, dass ein Medikament, das ursprünglich für eine andere Krankheit entwickelt wurde, bei deiner speziellen Erkrankung Wunder wirken könnte. Das ist natürlich ein sehr positiver Blick in die Zukunft und könnte die Gesundheitsversorgung revolutionieren.

6.1 Ökologische Nachhaltigkeit

Eine der größten Herausforderungen, die die KI-Entwicklung mit sich bringt, ist der Nachhaltigkeitsaspekt. KI-Systeme, besonders die fortgeschrittenen, können enorme Mengen an Energie verbrauchen. Daher ist es entscheidend, dass wir erneuerbare Energiequellen nutzen. Es reicht nicht, einfach nur die Technologie voranzutreiben; wir müssen auch die Auswirkungen auf unseren Planeten berücksichtigen.

Zudem sollte die Hardware, auf der die KI läuft, aus nachhaltigen Materialien bestehen. Da immer mehr Computer und Server für die fortschreitende KI-Entwicklung benötigt werden, müssen wir sicherstellen, dass diese Hardware nicht nur leistungsstark, sondern auch umweltfreundlich ist. Das betrifft die Materialgewinnung, den Produktionsprozess und schließlich das Recycling der Hardware.

6.2 Soziale Auswirkungen

Ein weiterer wichtiger Aspekt sind die sozialen Auswirkungen der KI. Wir müssen sicherstellen, dass die Vorteile der KI breit in der Gesellschaft verteilt sind und nicht nur einer kleinen Elite zugutekommen. Es besteht die Gefahr, dass durch den Einsatz von KI Arbeitsplätze verloren gehen könnten, weshalb Bildung und Umschulung eine große Rolle spielen.

Stell dir eine Gesellschaft vor, in der jeder Zugang zu KI-basierter Bildung hat. Hier könnte die KI personalisierte Lernpläne für jeden Schüler erstellen, sodass alle die gleichen Chancen erhalten. Aber was passiert, wenn nur wohlhabende Schulen sich solche Systeme leisten können? Dann würde die Kluft zwischen Arm und Reich weiter wachsen.

6.3 Wirtschaftliche Implikationen

Die Fortschritte in der KI werden auch massive wirtschaftliche Auswirkungen haben. Wenn Maschinen und Algorithmen immer mehr menschliche Tätigkeiten übernehmen, könnten viele traditionelle Berufe obsolet werden. Das klingt erstmal beängstigend, aber es bietet auch Chancen für neue Arbeitsfelder.

Nehmen wir die Landwirtschaft als Beispiel. Vor einigen Jahrzehnten hätte man sich kaum vorstellen können, dass Roboter einen Großteil der landwirtschaftlichen Arbeit erledigen könnten. Doch in 30 Jahren könnte ein Bauer mithilfe von KI seine Ernte optimieren, den besten Zeitpunkt für die Aussaat wählen und sogar automatisch Unkraut entfernen lassen. Diese Technologien könnten dazu beitragen, den Hunger in der Welt zu bekämpfen.

Aber natürlich stellt sich auch die Frage: Was passiert mit den Menschen, die bisher in der Landwirtschaft tätig waren? Hier spielt die Politik eine entscheidende Rolle. Ein sozial verträglicher Übergang mit Bildungsprogrammen und Umschulungsmaßnahmen ist entscheidend.

6.4 Psychologische Auswirkungen

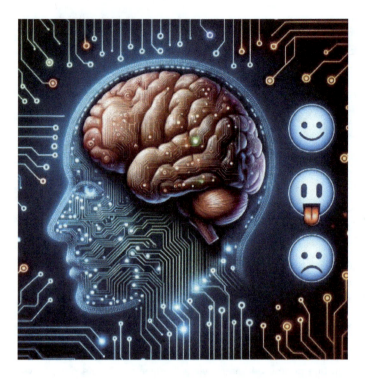

Die psychologischen Auswirkungen der KI sind ein weiteres, oft übersehenes Thema. Wenn KI-Systeme menschenähnliche Aufgaben übernehmen, wird das unser Verhältnis zu Technologie und vielleicht sogar zu uns selbst verändern. Stell dir vor, du hättest einen KI-Assistenten, der so gut ist, dass er deine Stimmungen erkennt und deine Bedürfnisse vorausahnen kann. Das könnte unser Verständnis von menschlicher Interaktion verändern und uns vor neue ethische Fragen stellen.

Es könnte durchaus sein, dass KI-Systeme in 30 Jahren so weit entwickelt sind, dass sie als Therapeuten fungieren könnten. Diese KI-Therapeuten könnten immer verfügbar sein und hätten Zugang zu umfangreichen Datenbanken psychologischen Wissens. Aber was bedeutet das für das Arzt-Patient-Verhältnis, das auf Vertrauen basiert? Könnten wir einer Maschine wirklich vertrauen?

6.5 KI und Kunst

Ein weiteres spannendes Feld ist die Kunst. KI-Systeme könnten nicht nur Kunstwerke analysieren, sondern auch selbst kreative Werke schaffen. Diese Technologien könnten neue Kunstformen hervorbringen, die wir uns heute noch gar nicht vorstellen können.

Stell dir vor, eine KI schreibt einen Roman. Sie könnte in Millisekunden Tausende von Büchern analysieren und einen Text verfassen, der sowohl spannend als auch tiefgründig ist. Aber würden wir solch ein Werk als „echte" Kunst ansehen? Und was würde das für menschliche Künstler bedeuten?

6.6 Globaler Wettbewerb

Ein Aspekt, der auch nicht vergessen werden sollte, ist der globale Wettbewerb. Länder und Unternehmen ringen bereits heute um die Vorherrschaft im Bereich KI. Wer hier die Nase vorn hat, könnte sowohl wirtschaftlich als auch geopolitisch erhebliche Vorteile genießen. Daher ist internationale Zusammenarbeit wichtig, um eine „KI-Rüstungsspirale" zu verhindern.

6.7 Regulierung und Gesetzgebung

Die Regierung hat die Aufgabe, rechtzeitig gesetzliche Rahmenbedingungen für den Einsatz von KI zu schaffen. Wie wäre es zum Beispiel mit einer Art „KI-TÜV", einer unabhängigen Institution, die sicherstellt, dass KI-Systeme sicher und ethisch vertretbar sind? Diese Einrichtung könnte Tests und Audits durchführen und Zertifikate für KI-Systeme ausstellen, die bestimmte Anforderungen erfüllen.

6.8 Mensch-Maschine-Interaktion

Die Interaktion zwischen Menschen und KI-Systemen wird voraussichtlich immer nahtloser und intuitiver werden. Wir könnten an einem Punkt angelangen, an dem die Unterscheidung zwischen menschlichen Fähigkeiten und dem, was eine KI tun kann, immer verschwommener wird.

Stell dir vor, es gibt ein KI-System, das nicht nur Sprache, sondern auch Emotionen in Echtzeit übersetzen kann. Wenn du also mit jemandem sprichst, der eine andere Sprache spricht, könnte die KI nicht nur die Worte, sondern auch den emotionalen Kontext vermitteln. Das könnte die Art und Weise, wie wir kommunizieren und Beziehungen aufbauen, fundamental verändern. Aber es wirft auch ethische Fragen auf. Zum Beispiel, sollte die KI in der Lage sein, Emotionen zu „zensieren" oder zu verändern?

6.9 Gesundheit und Langlebigkeit

Ein weiterer spannender Bereich ist der der Gesundheit und Langlebigkeit. Mit der Hilfe von KI könnten wir beginnen, den menschlichen Alterungsprozess besser zu verstehen und vielleicht sogar zu verlangsamen.

Ein KI-System könnte unzählige wissenschaftliche Studien und biologische Daten analysieren, um neue Wege zur Verlangsamung des Alterungsprozesses zu finden. Diese Technologie könnte es uns ermöglichen, länger und gesünder zu leben. Aber das wirft natürlich auch ethische und gesellschaftliche Fragen auf, etwa im Hinblick auf die Bevölkerungsdichte und die Ressourcen der Erde.

6.10 KI in der Governance

Die Verwendung von KI in der Verwaltung und Governance könnte ebenfalls eine Revolution darstellen. KI-Systeme könnten dabei helfen, Entscheidungen zu treffen, die auf einer enormen Menge an Daten basieren, und so zu effizienteren und gerechteren Gesellschaftssystemen beitragen.

Die KI könnte beispielsweise ein Steuersystem entwerfen, das so komplex und individuell ist, dass es für jeden Bürger die fairste und effizienteste Steuerlast berechnet. Die KI könnte dabei Faktoren wie Einkommen, Lebensumstände, persönliche Ausgaben und vieles mehr berücksichtigen. Aber natürlich gibt es auch hier ethische Überlegungen. Würden die Menschen einer Maschine die Macht überlassen wollen, solch wichtige Entscheidungen zu treffen?

6.11 Cyber-Sicherheit

Mit der steigenden Abhängigkeit von KI-Systemen wird auch die Cyber-Sicherheit immer wichtiger. Fortschrittliche KI könnte sowohl eine Bedrohung als auch eine Lösung in diesem Bereich darstellen.

Ein Land könnte eine KI entwickeln, die in der Lage ist, die Verteidigungssysteme eines anderen Landes zu überlisten. Gleichzeitig könnte das verteidigende Land eine KI haben, die solche Angriffe in Echtzeit abwehrt. Das könnte zu einem nie endenden Wettlauf der KI-Systeme führen, bei dem die Stabilität der globalen Ordnung auf dem Spiel steht.

6.12 Soziale Gerechtigkeit und KI

Wie KI entwickelt und eingesetzt wird, hat erhebliche Auswirkungen auf die soziale Gerechtigkeit. Diskriminierung und Vorurteile können durch schlecht gestaltete oder voreingenommene KI-Systeme verstärkt werden.

Stell dir vor, ein KI-System wird zur Vorhersage von Verbrechen eingesetzt. Wenn dieses System auf historischen Daten trainiert ist, die bereits diskriminierend sind, könnte es Vorurteile verstärken und bestimmte soziale oder ethnische Gruppen unfair benachteiligen. So könnten ungerechte gesellschaftliche Strukturen fortgeschrieben und verschärft werden, was ein erhebliches ethisches Problem darstellt.

6.13 Autonomie und Selbstbestimmung

Mit der Weiterentwicklung der KI könnte unsere Autonomie und unser Gefühl der Selbstbestimmung beeinträchtigt werden. KI-Systeme könnten so gut darin werden, menschliches Verhalten vorherzusagen, dass sie unsere Entscheidungen effektiv steuern könnten.

Angenommen, eine KI kennt deine Vorlieben und Abneigungen so gut, dass sie dir Produkte oder Dienstleistungen vorschlagen kann, denen du kaum widerstehen kannst. Hier stellt sich die Frage, inwieweit wir noch als autonome, selbstbestimmte Individuen agieren, wenn eine Maschine unsere Entscheidungen besser voraussieht als wir selbst.

7 Fazit: Ein integrierter Ansatz für die KI-Zukunft

Die Künstliche Intelligenz steht vor einem Wendepunkt, der in den nächsten 30 Jahren unsere Gesellschaft auf fundamentalste Weise umgestalten könnte. Die Herausforderungen sind ebenso vielschichtig wie die Möglichkeiten beeindruckend. Es geht nicht nur darum, technologische Fortschritte zu erzielen, sondern auch darum, die ethischen, sozialen und ökologischen Auswirkungen dieser Technologie zu berücksichtigen.

Die Gestaltung dieser KI-Zukunft kann nicht allein in den Händen von Technikern, Wissenschaftlern oder Unternehmern liegen. Sie erfordert eine breite gesellschaftliche Debatte und das Zusammenwirken von Fachleuten aus Ethik, Sozialwissenschaften, Rechtswissenschaften und vielen anderen Disziplinen. Jeder von uns, ob jung oder alt, muss die Gelegenheit haben, an dieser Diskussion teilzunehmen und seine Bedenken und Hoffnungen zu äußern.

Regierungen haben eine entscheidende Rolle bei der Steuerung und Regulierung der KI-Entwicklung. Sie müssen sicherstellen, dass Gesetze und Vorschriften sowohl die Innovationsfähigkeit fördern als auch die Bürger vor Missbrauch schützen. Dabei ist es wichtig, dass die Gesetzgebung nicht nur national, sondern auch international abgestimmt ist, um wirksam zu sein.

Das Streben nach einer nachhaltigen KI muss im Einklang mit den globalen Nachhaltigkeitszielen stehen. Das bedeutet, neben der technologischen Entwicklung auch den verantwortungsbewussten Umgang mit Ressourcen zu berücksichtigen und soziale Ungleichheiten nicht weiter zu verstärken.

Die Industrie muss sich der Verantwortung bewusst sein, die sie bei der Entwicklung und Implementierung von KI-Technologien trägt. Das bedeutet, ethische Grundsätze nicht nur auf dem Papier festzuhalten, sondern in der Praxis konsequent umzusetzen.

Da KI viele Berufsfelder revolutionieren wird, ist lebenslanges Lernen für alle Altersgruppen von entscheidender Bedeutung. Jeder muss die Möglichkeit haben, sich fortzubilden und an die sich wandelnden beruflichen Anforderungen anzupassen.

Letztlich geht es darum, einen Ausgleich zwischen den enormen Chancen und den ebenso großen Risiken der KI zu finden. Das ist keine leichte Aufgabe, aber sie ist machbar, wenn alle Beteiligten – Wissenschaftler, Politiker, Bürger und auch die KI-Systeme selbst – in einer integrierten Weise zusammenarbeiten.

Der Weg in die Zukunft ist komplex und voller Unsicherheiten, aber auch voller Möglichkeiten. Mit einer gemeinsamen Anstrengung, die die Komplexität der Herausforderungen erkennt und sie ganzheitlich angeht, können wir hoffen, eine KI-Zukunft zu gestalten, die nicht nur technologisch fortschrittlich, sondern auch ethisch vertretbar und sozial gerecht ist. Und das ist eine Zukunft, auf die wir alle hinarbeiten sollten.

8 Exkurs: Bilderstellung dieses Buches

Im Abschlusskapitel dieses Buches wollen wir dir ein besonderes Geheimnis lüften: Alle Bilder, die dir beim Durchblättern der Seiten begegnet sind, stammen nicht etwa von einem Künstler oder Fotografen, sondern wurden von einer künstlichen Intelligenz geschaffen. Diese künstliche Intelligenz trägt den Namen DALLE-3. Den Prozess hierfür möchten wir dir kurz zeigen:

8.1 Anleitung zur Aktivierung von DALL·E 3

Um das volle Potenzial von ChatGPT zu entfalten, bietet das Buch Schritt-für-Schritt-Anleitungen und praxisnahe Beispiele. Hier ist ein grundlegender Leitfaden zur Installation von Plugins, dem Codeinterpreter und DALL·E 3 in GPT-4:

Anmerkung: Dieser Ratgeber wurde 10/2023 verfasst und basiert auf den ChatGPT Funktionen der ChatGPT September 25 Version. Zusätzlich ist zu dem jetzigen Zeitpunkt ein ChatGPT Plus Account notwendig, um alle untenstehenden Features auszuführen.

Vorab gibt es einen Schritt, welchen du mit deinem ChatGPT Plus Account nur einmal machen musst: Klicke auf die drei Punkte unten links, um das Menü aufzurufen. Wähle danach "Beta-Funktionen" und aktiviere dann "Plugins" und "Code-Interpreter". (Hinweis: DALL·E 3 funktioniert auch ohne diesen ersten Schritt)

Um jetzt DALL·E 3, bestimmte Plugins oder den Code-Interpreter zu aktivieren, musst du einen neuen Chat mit ChatGPT starten. Wähle dabei GPT-4 aus und im Dropdown-Menü zu GPT-4 hast du dann die Möglichkeit, entweder DALL·E 3, den Code-Interpreter oder die Plugins zu aktivieren.

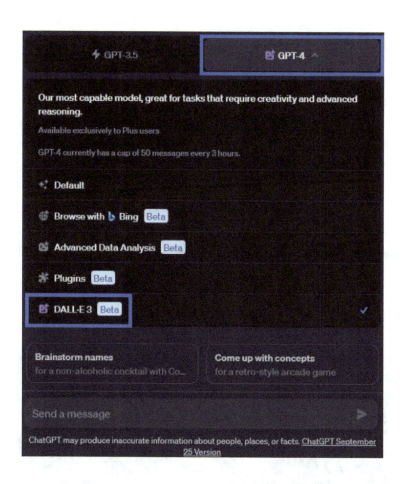

⚡ GPT-3.5	🔳 GPT-4 ⌃

Our most capable model, great for tasks that require creativity and advanced reasoning.

Available exclusively to Plus users

GPT-4 currently has a cap of 50 messages every 3 hours.

✴ Default

🌐 Browse with ｂ Bing [Beta]

🔳 Advanced Data Analysis [Beta]

※ Plugins [Beta]

🔳 DALL·E 3 [Beta]   ✓

Brainstorm names
for a non-alcoholic cocktail with Co...

Come up with concepts
for a retro-style arcade game

Send a message ➤

ChatGPT may produce inaccurate information about people, places, or facts. ChatGPT September 25 Version

Im Folgenden zeigen wir dir nun, wie wir die Bilder, welche in diesem Buch verwendet wurden, erstellt haben. Mit ein paar Kniffen kann man durch gute und präzise Prompts schnell großartige Ergebnisse erzielen. Wie das im Detail funktioniert, erklären wir dir in einem separaten Buch. Nach diesem Kapitel zeigen wir die welche Bücher deinen Umgang mit ChatGPT auf das nächste Level bringen werden.

Unsere Eingabe in ChatGPT:

Einleitung: Ein Foto, das eine offene Buchseite zeigt. Die Seite strahlt ein sanftes, warmes Licht aus, das den Raum um das Buch herum beleuchtet. Auf der Buchseite sind stilisierte Schaltkreise und Binärcode zu sehen, die die Verbindung zwischen Literatur und Technologie symbolisieren

Ausgabe von ChatGPT:

Rückblick: Eine Ölgemälde-Darstellung einer antiken Bibliothek. In der Mitte des Bildes steht ein großes Standfernrohr, das in den Himmel gerichtet ist. Dies symbolisiert den menschlichen Drang, über den Horizont hinauszuschauen und neues Wissen zu suchen.

Frühe Anfänge: Ein Foto, das eine alte, staubige Werkstatt zeigt. Auf einem Arbeitstisch liegen verschiedene mechanische Teile und einfache Werkzeuge. Ein einfacher Roboterarm aus den Anfängen der Robotik versucht, einen Würfel zu greifen.

1950er Jahre: Die Geburtsstunde: Eine Zeichnung, die eine Gruppe von Wissenschaftlern in einem Labor der 1950er Jahre zeigt. Sie arbeiten an großen Computern mit vielen Kabeln und Blinklichtern. Einer der Wissenschaftler zeigt auf einen Bildschirm, auf dem der erste KI-Algorithmus läuft.

1960er und 1970er: Erste Erfolge und Rückschläge: Ein Foto, das eine Collage von Zeitungsartikeln und Magazinen aus den 1960er und 1970er Jahren zeigt. Die Schlagzeilen handeln von den ersten Erfolgen der KI, aber auch von den Herausforderungen und Rückschlägen in dieser Zeit.

1990er: Das Internet und mehr Daten: Eine Illustration, die die Welt als Globus darstellt, umgeben von Computermonitoren. Die Monitore zeigen verschiedene Webseiten, und Datenströme fließen von den Monitoren zum Globus. Dies symbolisiert die Explosion des Internets und den Datenzuwachs, der die KI-Forschung beeinflusste.

Heute: KI im Alltag: Ein Foto, das einen modernen Alltag darstellt. Menschen verschiedener Geschlechter und Abstammungen nutzen Smartphones,

Smartwatches, und andere Technologien. Im Hintergrund sind autonome Fahrzeuge und Roboter zu sehen, die alltägliche Aufgaben erledigen.

Begriffserklärung: Was ist Künstliche Intelligenz?: Eine Zeichnung, die eine Waage zeigt. Auf der einen Seite der Waage liegt ein menschliches Gehirn, auf der anderen Seite ein Computerchip. Über der Waage schwebt eine Glühbirne, die den Moment des Verstehens und der Erleuchtung symbolisiert.

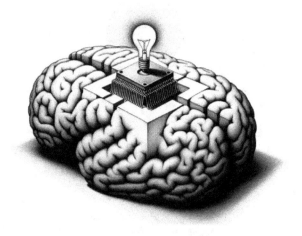

Schwache KI (Narrow AI): Eine Illustration, die eine Maschine zeigt, die spezifische Aufgaben perfekt ausführt, wie Schach spielen oder Wettervorhersagen machen. Menschen verschiedener Geschlechter und Abstammungen stehen um die Maschine herum und staunen über ihre Fähigkeiten, während im Hintergrund andere Maschinen gezeigt werden, die in anderen Bereichen versagen.

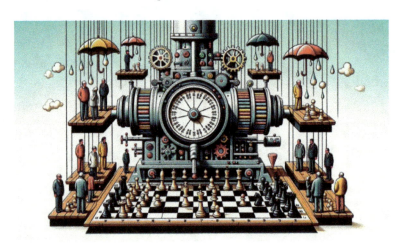

Starke KI (General AI): Ein Ölgemälde, das eine futuristische Stadt darstellt. Roboter und Menschen verschiedener Geschlechter und Abstammungen leben und arbeiten harmonisch zusammen. Die Roboter zeigen
menschenähnliche Emotionen und Fähigkeiten.

Superintelligente KI (Super AI): Ein Foto, das einen riesigen Computer in einem modernen Datenzentrum zeigt. Der Computer strahlt ein helles Licht aus und ist mit vielen anderen Maschinen vernetzt. Um den Computer herum stehen Menschen verschiedener Geschlechter und Abstammungen in Ehrfurcht.

Leuchttürme des Denkens: Weisheiten und Warnungen aus der Welt der KI: Eine Wasserfarbenmalerei, die einen alten Weisen zeigt, der auf einem Berggipfel sitzt und das Tal unten betrachtet. In seiner Hand hält er ein Buch mit dem Titel "KI" und um ihn herum fliegen holographische Bilder von Zitaten und Weisheiten.

Aktuelle Trends: Ein Bild, da eine Konferenz oder Messe zum Thema KI, auf der Menschen verschiedener Geschlechter und Abstammungen die neuesten KI-Innovationen betrachten, zeigt.

Maschinelles Lernen auf dem Edge (Edge AI): Die Illustration stellt ein modernes Smart-Device dar, in dessen Innerem mikroskopische Schaltkreise sichtbar sind. Dies symbolisiert das Konzept des "Edge Computing".

Selbstüberwachendes Lernen: Das Ölgemälde zeigt eine KI, die sich selbst in einem Spiegel reflektiert und dabei lernt.

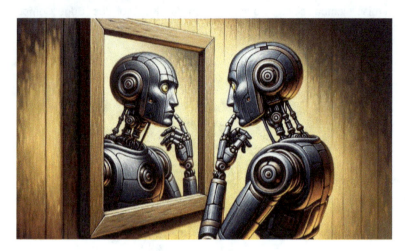

Transfer Learning: Auf der Zeichnung unterrichtet ein Roboter einen anderen Roboter, indem er Informationen über ein Kabel überträgt. Menschen verschiedener Geschlechter und Abstammungen beobachten diesen Vorgang.

Sprachmodelle der nächsten Generation: Ein Foto, das einen modernen, offenen Arbeitsplatz zeigt. Menschen verschiedener Geschlechter und Abstammungen sitzen vor ihren Computern und tragen Kopfhörer. Auf ihren Bildschirmen sind Chatbots und Spracherkennungsprogramme zu sehen. Über ihnen schwebt eine holographische Darstellung von Wellenformen und Sprachmustern.

KI für Nachhaltigkeit: Die Illustration stellt eine grüne, blühende Stadt dar, in der Menschen Bäume pflanzen und nachhaltige Technologien nutzen.

Erklärbarkeit und Transparenz der KI: Auf dem Ölgemälde ist eine KI in Form eines gläsernen Roboters zu sehen. Menschen stehen um den Roboter herum und studieren ihn aufmerksam.

Erweiterte Realität und KI: Das Foto zeigt eine Gruppe von Menschen, die spezielle Brillen tragen und eine erweiterte Realität erleben.

Robotik und autonome Systeme: Ein Foto, das eine moderne Fabrikhalle zeigt. Roboterarme verschiedener Größen und Formen führen präzise Aufgaben aus. Menschen verschiedener Geschlechter und Abstammungen überwachen die Prozesse und interagieren mit den Robotern über Tablets und Computer

Exkurs: Multimodale Systeme: Eine Illustration, die ein zentrales KI-System darstellt, das mit verschiedenen Sensoren wie Kameras, Mikrofonen und Berührungssensoren verbunden ist. Das System verarbeitet verschiedene Eingabeformate gleichzeitig und gibt koordinierte Aktionen aus.

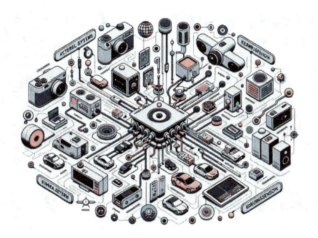

Datenschutz und KI: Auf dem Ölgemälde ist ein Tresor abgebildet, in dem Daten in Form von leuchtenden Würfeln dargestellt sind. Ein Roboterarm versucht, Zugang zu erhalten, wird jedoch durch einen Datenschutzschild blockiert.

Quantum Computing und KI: Die Zeichnung zeigt einen futuristischen Computer, umgeben von energetischen Wellen, den Menschen mit Interesse beobachten

Blick in die Zukunft: Eine Illustration, die eine futuristische Stadt bei Nacht darstellt. Die Skyline ist von leuchtenden, hohen Gebäuden geprägt. Über der Stadt schweben autonome Fahrzeuge und Drohnen. Menschen verschiedener Geschlechter und Abstammungen gehen auf belebten Straßen und interagieren mit holographischen Displays.

Ökologische Nachhaltigkeit: Ein Foto von einer grünen Pflanze, die aus einem Computerchip wächst, um die Verbindung von Technologie und Natur darzustellen. Im Hintergrund sieht man ein Diagramm, das ethische Prinzipien zeigt.

Soziale Auswirkungen: Ein Foto von einer diversen Gruppe von Menschen, die alle auf ihre Smartphones schauen, während im Hintergrund holographische Symbole für verschiedene soziale Netzwerke schweben.

Wirtschaftliche Implikationen: Ein Foto von einer modernen Stadt mit Wolkenkratzern, wobei einer der Wolkenkratzer wie ein riesiger Roboterarm aussieht, der Münzen stapelt.

Psychologische Auswirkungen: Eine Illustration von einem menschlichen Gehirn, das mit digitalen Schaltkreisen verbunden ist, und daneben emotionale Symbole wie ein lachendes und ein trauriges Gesicht.

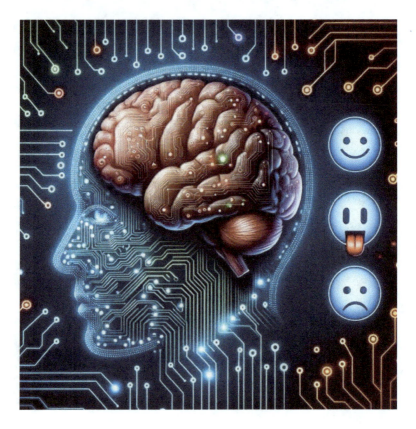

KI und Kunst: Ein Ölgemälde von einem Roboter, der an einer Staffelei malt, während im Hintergrund klassische und moderne Kunstwerke zu sehen sind.

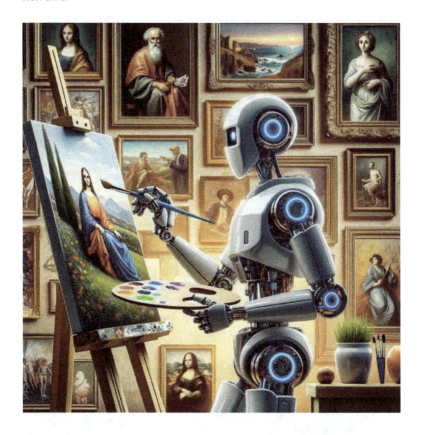

Globaler Wettbewerb: Das Bild zeigt eine internationale Leichtathletik-veranstaltung in einer belebten Arena. Läufer verschiedener Nationalitä-ten rennen auf einer Bahn, während das Publikum im Hintergrund mit Na-tionalflaggen jubelt. Eine leuchtende Weltkarte ziert den Hintergrund und symbolisiert die globale Beteiligung.

Regulierung und Gesetzgebung: Das Bild zeigt einen hochtechnologischen Raum voller Personen an futuristischen Arbeitsstationen, umgeben von schwebenden holographischen Darstellungen und leuchtenden Displays.

Mensch-Maschine-Interaktion: Eine Zeichnung von einem Menschen und einem Roboter, die sich die Hand reichen, während im Hintergrund Symbole für verschiedene Technologien schweben.

Gesundheit und Langlebigkeit: Ein Foto von einem Arzt, der ein Tablet hält, auf dem eine KI-Anwendung zu sehen ist. Im Hintergrund sind DNA-Stränge und medizinische Geräte abgebildet.

KI in der Governance: Eine Illustration eines Regierungsgebäudes, vor dem Roboter und Menschen gemeinsam demonstrieren, mit Transparenten, die "KI für alle" und "Gerechte KI" sagen.

Cyber-Sicherheit: Ein Foto von einem Schlosssymbol auf einem digitalen Hintergrund, umgeben von Binärcode und Warnsymbolen

Soziale Gerechtigkeit und KI: Eine Zeichnung von einer Waage, auf der einer Seite ein Roboter und auf der anderen Seite diverse Menschen stehen, um die Balance zwischen Technologie und Menschlichkeit darzustellen.

Autonomie und Selbstbestimmung: Ein Foto von einer Person, die eine VR-Brille trägt, während sie durch eine digitale Landschaft navigiert, die Symbole für Freiheit und Entscheidungsfreiheit zeigt.

Fazit: Ein integrierter Ansatz für die KI-Zukunft: Ein Foto, das eine Gruppe von Menschen in einem hellen Konferenzraum zeigt. Sie diskutieren lebhaft und zeigen auf einen großen Bildschirm, auf dem verschiedene KI-Konzepte visualisiert sind. Der Raum strahlt eine Atmosphäre der Zusammenarbeit und des Optimismus aus.

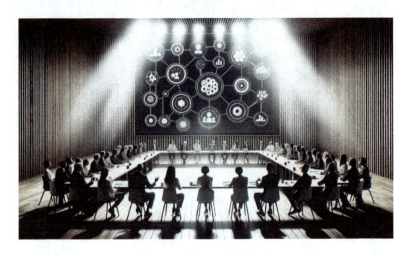

Also, das nächste Mal, wenn du durch dieses Buch blätterst und auf eines der Bilder stößt, denke daran: Hinter jedem Bild steckt eine faszinierende Technologie, die die Grenzen zwischen Mensch und Maschine immer mehr verwischt. Es ist eine spannende Zeit, in der wir leben, nicht wahr?

Wenn du tiefer in die Welt der künstlichen Intelligenz eintauchen und verstehen möchtest, wie du sie in deinem Beruf, in der Selbstständigkeit oder für andere spezielle Anwendungen nutzen kannst, dann legen wir dir unsere weiteren Bücher ans Herz.

Unsere weiteren Bücher decken eine Vielzahl von Themen ab und bieten praktische Anleitungen, um die Kraft der künstlichen Intelligenz für deine eigenen Zwecke zu nutzen. Jedes Buch ist darauf ausgerichtet, dir nicht nur theoretisches Wissen zu vermitteln, sondern dir auch konkrete Werkzeuge an die Hand zu geben, die du sofort in deinem Berufs- oder Privatleben anwenden kannst.

Also, wenn du den nächsten Schritt in diese aufregende Technologiewelt machen möchtest, schau dir gerne unsere weiteren Veröffentlichungen an. Es könnte der Beginn einer faszinierenden Reise sein.

9 Bildquellen

ChatGPT - OpenAI (http://chat.openai.com/), **zuletzt abgerufen am 24.Oktober 2023.**

10 Unser Dank für dein Vertrauen

Liebe/r Leserin und Leser,

vielen Dank für deine Unterstützung und das Interesse an unserem Buch über künstlicher Intelligenz. Wir freuen uns, dass wir unsere Erfahrungen und Erkenntnisse mit dir teilen konnten. Wir hoffen, das Buch hilft dir, KI besser zu verstehen und effektiver einzusetzen.

Es war uns eine Freude, unsere Erkenntnisse und Erfahrungen in diesem Buch mit dir zu teilen und wir hoffen, dass es dir dabei geholfen hat, ein tieferes Verständnis für das Thema zu entwickeln.

Wenn du weiterhin über unsere Arbeit im Bereich der Künstlichen Intelligenz auf dem Laufenden bleiben möchtest, kannst du dich gerne für unseren E-Mail-Newsletter anmelden. (https://bit.ly/3Uautfo)

Nochmals vielen Dank für deine Unterstützung und wir hoffen, dass wir uns in Zukunft wiederlesen werden.

Alternative Anmeldung zum Newsletter über den QR-Code:

Nochmals vielen Dank für deine Unterstützung und wir hoffen, dass wir uns in Zukunft wiederlesen werden.

Impressum

Texte: © Copyright by Mika Schwan, Lucas Greif und Andreas Kimmig

Umschlaggestaltung: © Copyright by Mika Schwan, Lucas Greif und Andreas Kimmig

Verlag:

GbR mit Lucas Greif, Andreas Kimmig, Philipp Lepold, Mika Schwan

Kuppeheimerstraße 6

76476 Bischweier

mlap4life@gmail.com

www.ingramcontent.com/pod-product-compliance
Lightning Source LLC
LaVergne TN
LVHW051736050326
832903LV00023B/948